# 운명을 바꾼 사람들

### 제3권

**일러두기**

- 안심정사 법우님들의 기도 체험 후기집입니다.
- 약간의 윤문과 교정을 통해 읽기 편하도록 하였습니다.
- 후기 원본은 안심카페에서 제목이나 **글번호**로 찾을 수 있습니다.
- 안심카페(cafe.daum.net/ansim24)에서 생생한 체험담을 확인하세요.

이 도서의 국립중앙도서관 출판예정도서목록(CIP)은 서지정보유통지원시스템 홈페이지
(http://seoji.nl.go.kr)와 국가자료종합목록시스템(http://www.nl.go.kr/kolisnet)에서
이용하실 수 있습니다. (CIP제어번호 : CIP2019010970)

# 운명을 바꾼 사람들 제3권

**석법안 스님** 엮음

도서출판 안심

## 책을 펴내면서…

운명의 주인공은 자기 자신입니다.
때문에 스스로가 바뀌어야 운명도 바뀌겠지요.

살면서 누구나 고통과 마주하게 됩니다.
몸과 마음이 무너질 듯한 극단의 순간들이 바로 부처님을 찾게 되는 운명의 시간이라고 생각하고 기도하십시오.

간절한 기도의 가피는 그 끝이 없습니다.
걱정 말고 소원을 기도하면 응답은 예외 없이 노크할 것입니다.
간혹 늦게 올뿐, 꼭 필요한 시점이 오면 부처님은 반드시 미소 짓고 기다리십니다.

2003년 여름 개설한 안심정사 카페. 벌써 1만 2천여 회원으로 늘어나, 인연이 닿은 모든 불자들의 소통공간이 되었습니다. 부처님 말씀이 불교방송(BTN)을 통해 전해지고, 어느 날 무심코 돌린 채널에서 그 말씀을 들은 불자들이 마침내 안심정사를 찾기까지 남다른 인연들을 올려놓은 곳이지요.
거기서 추린 절절한 기도체험기들이 드디어 5년 만에 [운명을 바꾼 사람들] 제2권/ 제3권으로 정리되었습니다.

책의 생명력은 널리 읽혀지는 데 있습니다.
이 작은 책이 바통을 이어받아 달리듯이 다른 초심불자들의 손으로 다시 건네질 때 비로소 더 큰 생명력을 갖게 됩니다.

오늘도 누군가는, 목숨보다 애절하게 갈구하는 소원을 들고 피눈물 흘릴지 모릅니다. 아파보지 않은 이들이 어찌 미몽을 헤매는 참담한 고통을 알겠습니까?

한 권의 책이 한 사람의 인생을 바꾼 사례는 참으로 많습니다.
주위를 둘러보고 그동안 잊고 지냈던 이웃들이 떠오르면 찾아가 말해 보세요. "내가 기도로 운명이 바뀐 사람이다!" 라고…

불기 2563년(서기 2019년) 3.30일
안심정사 창원도량 개원 즈음.

智觀堂에서 법안 삼가씀

# 목차

책을 펴내면서…　　　　　　　- 04

### 제1장　**진심으로 꾸준히**

마음 바뀐 아내에게 쓴 편지　　- 12
지장경 천 독과 합심기도　　　- 19
진심으로 꾸준히 오롯이　　　　- 25
천도재 후 꿈꾸고 이룬 일　　　- 29
지장보살님 소원 이뤄주세요　　- 33
7년 만에 합격한 경찰공무원시험 1차　- 37
둘째딸 환경기사시험 합격　　　- 41
병원 가는 대신 기도로 치유　　- 44
매일 기도의 힘-작은 변화　　　- 47

### 제2장   **소원성취**

| | |
|---|---|
| 내 인생의 길라잡이 | - 54 |
| 지장보살님 끊임없는 가피 | - 58 |
| 고3 아들과 엄마~^^ | - 68 |
| 소원표 4번, 8번, 9번 이루어져 | - 72 |
| 10대 소원표 중 4번째 이루어지다 | - 78 |
| 신용등급도 올린 지장기도 | - 81 |
| 나홀로 고독한 싸움 | - 85 |
| 걱정 말고 기도하라 | - 88 |
| 지장경과 소원표의 기이한 기운 | - 91 |
| 발등에 불~ 산신기도 입재 | - 94 |
| 법안스님 덕분에 희망이 생겨 | - 97 |

# 목차

### 제3장   **부처님 가피**

| | |
|---|---|
| 스물다섯에 고백하는 부처님 가피 | – 102 |
| 중·고등학교 6년을 안심정사와 | – 111 |
| 유튜브로 보던 저도 됩니다 | – 115 |
| 방생법회 후 입은 가피 | – 118 |
| 부처님 감사합니다 | – 122 |
| 경전 말씀은 한 치 틀림없어 | – 126 |
| 부처님 가피는 정말 정확 | – 130 |
| 부처님께서 살려주신 날 | – 135 |
| 2017년 한강수륙재 행사 날 | – 139 |
| 한강수륙재 방생 가피 | – 142 |
| 인시 지장경 기도의 영험 | – 145 |

### 제4장   **감사공양**

| | |
|---|---|
| 행복시작, 불행 끝! 1번 소원성취 | – 150 |
| 짧은 기간 내 소원 3개 이루고 | – 156 |

| | |
|---|---|
| 내집마련 소원성취~^^~ | - 162 |
| 가피 받고 행복에 빠져 | - 165 |
| 감사공양 후 부처님 가피 | - 168 |
| 소소한 소원도 이루어져 | - 171 |
| 부처님께 진정으로 귀의 | - 174 |
| 제 얼굴이 예뻐졌어요 | - 177 |
| 동참축원기도 공덕 | - 180 |
| 감사공양은 구두쇠 지갑도 열어 | - 183 |
| 빚 갚게 해 준 딸과 손녀 | - 187 |
| 기도와 가피 | - 190 |
| 성취의 공덕 나누라는 말씀 | - 193 |
| 진정한 기도에 대해… | - 197 |

## 제5장 삶의 질이 달라진 법우들

| | |
|---|---|
| 4수생 엄마 돼봐야 기도 맛 알지요 | - 202 |
| 지장경 1000독 회향일기 | - 210 |

법안 스님께서 〈걱정 말고 기도하라〉란 책에서
확신을 가지고 하신 말씀.
서문 일부를 그대로 옮겨봅니다.

"그렇게 열심히 기도했는데도 좋은 변화가 일어나지 않더란 말씀입니까? 그럴 리가 결코 없습니다. 이건 분명 기도를 제대로 하지 않았기 때문에 벌어진 일입니다. 얼른 집에 가셔서 일러드린 사항을 다시 하나하나 재점검하시고… 그러면 반드시 다 이루어집니다."

제1장

# 진심으로 꾸준히

- 마음 바뀐 아내에게 쓴 편지
- 지장경 천 독과 합심기도
- 진심으로 꾸준히 오롯이
- 천도재 후 꿈꾸고 이룬 일
- 지장보살님 소원 이뤄주세요
- 7년 만에 합격한 경찰공무원시험 1차
- 둘째딸 환경기사시험 합격
- 병원 가는 대신 기도로 치유
- 매일 기도의 힘-작은 변화

# 마음 바뀐
# 아내에게 쓴 편지

　　BTN 법안 스님 법문이 계기가 되어 지장경 독송을 시작한 아내를 따라서 새벽마다 지장경을 기도하게 된 불자입니다. 아내의 아이디를 빌어서 이 글을 쓰게 된 이유는… 제 아내의 글을 스님께서 법문 중에 읽어주셨고, 아내가 퇴근 후 스님 법문을 같이 듣자고 해서 평소처럼 듣고 있었지요.

　　본인이 쓴 글을 스님께서 소개시켜 주신다는 말을 안 해줘서 제가 내 얘기 같다고 하며 웃으며 들었는데, 정말 아내가 올린 그 글을 감사하게도 스님께서 소개해 주신 것이더군요.^^

　　저는 편지에서 자상하고 센스 있고 유머러스하고 등등 여러 칭찬으로 소개가 된 남편입니다. 잘생긴 건 얘기를 안 했더군요.ㅎ 돌이켜보면 저는 어렸을 때부터 부모님의 빚 지옥 속에서 자랐고 지금도 부모님 빚을 대신 갚으면서 여전히 지옥에서 살고 있습니다. 기댈 곳 하나 없는 세상에서 오직 불보살님과 아내에게 의지하며 쓰러지지 않으려 애써왔던 것이지요.

사연에 소개되었듯이 그 어려운 처지로 아내에게 편하게 생활비를 준 적도 없었던 것 같습니다. 회사에서 받은 월급으로는 모자라 주말 이틀은 예식장 아르바이트를 하면서 일 년에 손꼽을 정도의 휴일만 가진 채 이 악물고 살고 있습니다. 하지만 힘든 와중에서도 아내와 아들에게는 저의 힘든 모습을 보이지 않으려 했고, 결혼했을 때나 지금이나 한결같이 아내를 대하고 있다고 생각합니다.

풍족하게 못살다 보니 마음이 쪼그라진 아내는 저를 많이도 미워했을 겁니다. 아내는 미운 마음을 심하게 표현하지 못하는 심성 고운 사람이라, 간혹 말로 긁어대는 정도였지만 저는 마음으로 아내의 화를 느끼고 있었지요. 그래서 사연에 소개된 것처럼 저에 대해 너그럽지는 못하였을 거라고 생각합니다.

### 곁에 아내가 있어주는 것만으로도 부처님께 감사

그런 아내를 원망하지 않고 오히려 저의 곁에 있어주는 것에 감사하며, 화내고 있는 부처님, 짜증난 부처님, 삐진 부처님으로 생각하고 말없이 따뜻한 부처님이 될 때까지 기다리곤 했습니다. 그랬던 제 아내가 지장기도를 한 후 얼굴은 선하게 바뀌었고 화내는 마음이 콩알만 하게 되어서, 보시하고 공양 올리는 기쁨도 알아가며 몸도 건강해지고 있지요.

스님!! 저는 평생 빚 지옥에서 살고 있지만 그 누구보다도 불보살님의 가피를 많이 받고 살아왔습니다. 그런데 제가 감당하기 어려운 상황을 겪고 나서 평생 입에 달고 다녔던 지장보살님의 명호를 놔버리고 아무 생각 없이 산 지 십여 년이 되었답니다. 그런 저를 지장보살님께서 다시 선근을 닦을 수 있도록 인연을 맺어주셔서 지장경기도를 드리고, 죽을 때까지 그리고 내생에서도 지장경기도를 드릴 수 있도록 해달라고 기도한답니다.

스님!! 제가 기도를 시작한 후 100일 정도 되었는데 그동안 받은 가피를 말씀드리겠습니다.

첫째, 기도 시작하면 곧바로 머리/ 치아/ 심장/ 위/ 허리/ 엉

치/ 무릎/ 다리/ 순서로 고통이 왔습니다. 밤마다 진땀 나는 고통이었지만 손가락 꽉 쥐고 지장경 기도를 놓치지 않았는데, 어느 날 다리의 고통이 사라진 후 지금까지 몸 아픈 곳 없이 힘이 넘칩니다.

둘째, 월급도 쪼개서 주던 회사였는데 지난 연말에 첫 상여금을 받았습니다. 그리고 올해는 200%를 주도록 노력하자는 말도 며칠 전에 하더군요. 뜻밖의 선물입니다.

셋째, 계절을 타는 회사라 겨울인 지금은 직원 2명만 데리고 하는데 갑자기 주문이 밀려들어서 10명을 데리고 하는데도 사람을 더 부르고 싶을 만큼 바빠졌습니다. 방학기간 아들이 저희 회사에서 아르바이트를 할 수 있게 된 것도 덤입니다.

넷째, 잔기침이 심하고 미세하게 손을 떨던 아들이 기침도 사라지고 손 떨림도 없어졌습니다. 전혀 약을 먹이지 않고 오직 기도문에만 올리고 발원했는데도 말입니다.

다섯째, 아들의 팀이 학술대회에서 1등하여 상금을 받았습니다.

여섯째, 아들이 1학기 때는 학점이 폭망했었는데 갑자기 기말고사에 밤새 공부하더니 1학기 망한 성적을 모두 커버하였습니다. 물론 우리 부부가 공부하라고 말한 적도 없고요.

가장 큰 변화는 자비심이 점점 커지는 아내입니다.ㅎ 이외에도 일상에서 받는 가피가 너무 많습니다. 단지 받는 가피를 모른 채 지나가느냐, 느끼며 감사드리고 가느냐의 차이인 것 같습니다.

### 🔸 공양은 여유 있어서 올리는 게 아님을 깨달아

스님!! 지난 세월 동안 기도는 열심히 했지만 한 푼이 아쉬워 불보살님께 공양 올리는 것을 소홀히 하였지요. 더 정확히 말씀드리면 가진 돈 중에 편하게 공양 올릴 돈이 없다고 생각하였습니다. 그러나 스님의 법문과 강의를 듣고 지금은 여유 있어서 올리는 게 공양이 아니라. 집을 팔아 올리는 심정으로 힘들어도 올리는 게 공양임을 알았지요.

그래서 작은 돈이지만, 제게는 빚 갚아야 할 소중한 돈이지만 공양을 마음에 걸림없이 올리고 있습니다. 그런데 힘들게 떼어서 공양을 올리면 생각지도 못한 여러 가지 방편으로 다시 더 채워주시는 가피로 보답해주시니 신기할 정도입니다.

 스님! 그동안 저는 남에게 해를 끼치지 않고 살아서 그것이 착한 삶인 줄로만 알고 살았습니다. 그러나 요즘 스님 법문과 강의를 듣고 선근은 그것이 아님을 깨달았습니다. 불쌍한 사람 가엾게 여기고, 기부도 하고, 장애인 도와주고, 테이프 하나라도 내 것이 아니면 가져오지 않고, 거짓말 안하는, 귀찮고 쑥스러워 했던, 모든 것이 선근임을 알았습니다.

 그래서 술 취해 비틀거리시는 분 의자에 앉아 쉬어가게 하고, 폐지수집 할아버지가 마음에 걸려 지나가다가 따뜻한 차 사 드시라고 돈을 드리기도 하며 여기저기 기부함에 돈도 넣게 되더군요. 앞으로 죽을 때까지 이렇게 전생의 업을 씻는다는 마음으로 일체 화내는 마음 일으키지 않으며 선근을 지으려 합니다.

 감사드립니다. 스님! 아내의 마음이 더 큰 자비심으로 채워지고 있습니다. 부처님의 인연법으로 저희 부부 전생의 원수였던 업으로 현생에서 살고 있을지도 모르지요. 그렇지만 지장경 읽은 공덕으로 저희 부부 현생에서 원수로 끝맺지 않고 선근이 가득한 부부로 죽으려고 합니다. 아마 제 아내는 지장경 독경한 공덕으로 여자 몸이 아닌 남자의 몸으로 내생에 나올지도 모르겠습니다.

 그러므로 저도 남은 현생에서 더욱 기도 열심히 해서 내생에도 삼악도에 떨어지지 않고 제 아내의 절친으로 만나 현생에서 못해준 모든 것을 더 잘해주고 싶은 마음입니다. 지금도 빚쟁이에게 시달리고 겁나는 상황이지만 저는 일체 두려움을 놓아버렸습니다.

 퇴근 후 문 앞에 서면, 세상에서 맡지 못한 오묘한 향기가 문 앞에 맺혀 있음을 느끼며 저는 불보살님과 사천왕님이 지키고 계신다는 걸 알고 말로 표현할 수 없는 희열을 감지합니다. 그 향기가 모든 횡액을 장창으로 베어버리실 텐데 무엇이 두렵겠습니까? 스님과의 인연, 생각 생각마다 감사히 여기면서 지장경 독송을 남은 평생 놓치지 않겠습니다.

2018.04.22. / 1466

# 지장경 천 독과
# 합심기도




지장경 천 독 회향 글 올립니다.

2012년 스님의 저서 [걱정말고 기도하라]를 감동 깊게 읽고 또 읽고, 멍청하게도 내가 하는 다라니기도를 잘 하면 되겠지 라고 제 맘대로 결론 내린 후. 주위 친구들에게는 "나는 언젠가 꼭 법안스님 만나러 논산 안심정사 갈거다"라고 이야기하고 다녔습니다.

그리고 4년 후.

남편의 대형 금전사고로 기대와 신뢰감이 다 무너져 싸우기만 하는 지옥에서 사는 게 너무 답답해서 지장경 새벽기도를 시작했지요. 평생 3종 세트로 애먹인 남편에 대한 원망과 분노 그리고 죽고 싶다는 생각뿐인 가운데 마지막으로 법안스님께 가면 길이 있을 거라는 한 가지 생각으로 안심정사를 찾아갔습니다.

스님 친견 때, "남편 사주는 아무리 재물을 많이 가져도 다 나가는 사주이고 지금은 뭘 해도 안 되는 시기라 장사를 작게 시작하라"고 하셨지요. 저에게는 "과거는 덮고 새 출발해, 좋은 성격 아니야, 고쳐"라고 하셨습니다. 버럭 화 잘 내는 급한 성격도 고치고 과거는 다 덮고 새 출발하겠다고 자신 있게 스님께 약속했습니다. 지장경 기도 시작하자마자 부처님 가피 받아 자신감 가득했을 때였습니다.

그러나 그 후 지장경 기도를 하면서 막상 현실은 쉽지 않았습니다. 새로 시작한 장사는 파리만 날리는 날이 많았고, 어쩔 수 없어 가지고 있던 보석 팔고, 비상금으로 남편 몰래 모아둔 적금까지 해약했습니다. 아이들 학비와 생활비로, 딸 결혼자금으로 다 쓰고 돈이 바닥이 나도 걱정은 크게 안 되는 게 신기했지요.

지장경 기도 후 다른 사람에게는 화를 안 내는데 남편만 보면 먼저 시비를 걸어 큰 싸움으로 번지는 게, 지장경 4품 2절의 쉽게 풀리지 않는 업이 많은 중생의 모습이 바로 저였지요. 그래도 기도하기 싫다거나 빠트리거나 하는 날은 거의 없었으니 지금 생각해도 정말 신기합니다. 통곡하며 참회하고 부처님께 간절히 매달리며 스님께 의지하고, 스님 말씀 한 마디 한 마디에 희망을 걸고 용기를 얻어 믿음을 다졌지요. 제 업을 소멸하고 잘난 척, 있는 척, 아는 척하는 척을 버리기 위해 기도하고 노력했습니다.

논산 본찰 한 달에 한번 가기/ 새벽 지장경기도/ 스님 법문 하루 종일 듣기/경제적으로 어려워도 재수불공/ 부산방생/ 만선공덕회/ 불경공덕회는 매달 했습니다. 솔직히 너무 힘들어서 믿고 매달릴 곳은 부처님과 스님뿐이기 때문이었습니다.

지장경 독수가 늘어나며 힘이 생기고 논산 본찰에서 진실불허님과 나누는 이야기로 힘을 얻고, 안심카페의 최영근 선생님과 법우님들의 격려 댓글로 도움을 많이 받기도 했지요. 대구도량이 생기면서 대구 총무님께서 내가 놓쳤던 감사공양 올리기를 가르쳐 주셔서 감사공양 올리기를 하고, 기도와 봉사의 고수인 법우님들께 많이 배웠지요.

잠들기 전 스님께서 가르쳐 주신대로 오늘 배운 것, 만족스러운 것, 부족한 것 쓰기를 석 달간 해보니 매일 구업을 엄청 짓는 것을 실감했습니다. 아침마다 절에 가서 부처님께 예경 드린 후 장사 시작하고, 대구도량 개원 후부터는 당장 돈 없어도 스님 하시는 것 하나도 안 빠지고 다 따라 하자고 마음먹고 다 하고 작은 공양이라도 정성껏 올렸습니다.

### 지장경 천 독 26개월의 가피

1. 가장 큰 대박은 남편 금주(평생 먹은 술값이 집 한 채는 넉넉히 될 겁니다)와 대구도량 개원 후 지장경 기도 시작
2. 스님의 지혜로운 가르침 덕분에 큰딸 결혼해서 화목하고 행복하게 잘살고 있고
3. 버럭하는 다혈질 성격 90%는 고쳤습니다(아직 남편에게 한 번씩 틱틱거리는 것은 애교로 패스 ㅎㅎ)
4. 남편의 지장경 기도 시작으로 신뢰감 회복되어 다시 찾은 가족 화목과 웃음꽃
5. 지장경 1000독과 합심기도, 대구도량 개원 후 자주 뵙게 된 큰스님의 격려와 축원기도로 2018년부터 식당 매출 상승(사실 최고로 좋습니다)
6. 사치와 허영으로 백화점 가는 거 좋아하고 돈 무서운 줄 몰랐던 심각한 쇼핑중독이었던 제가 하루에 천 원짜리 한

장도 함부로 안 쓰고 아낍니다.(부끄러워 쓸까 말까 엄청 망설였습니다)
7. 이기심과 분노 원망을 긍정과 자비심, 감사로 바꾸고 복을 많이 짓고 베푸는 삶을 살아야 잘사는 것이라는 사실을 알고 삶의 방향을 찾았습니다.

### "스님은 무슨 재미로 사세요?"

언젠가 제가 무례하게도 스님께 여쭈어 본 적이 있었습니다. "스님은 무슨 재미로 사세요?"

"나는 오로지 우리 신도들 어떻게 하면 소원성취 잘할 수 있을까 생각한다. 소원성취 했다고 하면 제일 좋다. 신도는 태양이고 나는 달이다"라고 하셨습니다. 그래서 제가 아닌 것 같다며… "스님께서 태양이고 저희들이 달인 것 같습니다" 하니 스님께서, "신도가 태양처럼 밝게 빛나야 내가 있는 거고 나는 신도를 도와주는 달이다"라고 하셨습니다.

존경하는 우리 큰스님이십니다. 친구에게 이야기하니까 "니는 우째 스님께 그런 질문을 하노?" 하면서 깜짝 놀라더군요. 그래서 "우리 스님이니까 그런 질문 할 수 있는 거라고 정말 우리 큰스님 존경하고 대단하시다"고 자랑했지요.

　얼마 전부터 남편과 저는 식당의 지리적 환경적 여건상 포교를 맘대로 못해서 안타까웠는데… 부처님이 설마 우리 밥 굶기겠나? 아직 돈이 없어 큰 불사는 못하지만 포교는 열심히 하자는 생각으로 CD와 '정말 잘돼' 스티커를 손님께 나눠드리고, 대구도량 알리는 일을 적극적으로 시작했습니다. 손님들이 정말 좋아하십니다. ~~~

　큰스님!!
　삶의 의미도 모르고, 불자라면서 부처님 법도 잘 모르고 막살던 우리 최악의 부부를 인간 만들어 사람 구실 하도록 해주셔서 정말 고맙습니다. 저희 부부, 큰스님께 받은 은혜 꼭 갚겠습니다. 스님 존경하고 사랑합니다.

2018. 01. 09. / 1380

# 진심으로
# 꾸준히 오롯이

　신랑을 만나 단 한 번도 행복하지 않았던 17년. 음주가무를 좋아하는 신랑은 아이와 같아서 자기 하고 싶은 거(먹고 노는 거) 다하며 집에서는 잠만 자는 하숙생이었습니다.

　또 술을 먹으면 180도로 변하여 잠잘 때까지 말로 괴롭히고, 의처증까지 있어 전화를 하루에도 수십 통씩 걸어서 안 받으면 카톡에 문자를 몇십 통씩 이유도 없이 하는 사람이었지요. 먹는 것도 얼마나 많이 먹는지… 술을 먹으면 1차 밥 먹으며 술, 2차는 술, 3차는 술 깬다고 노래방, 4차는 목마르다고 호프집으로.

　1년에 364일을 이런 식으로 살다보니 경제적인 어려움은 당연히 말할 것도 없고, 마음의 상처 또한 커질 대로 커져서 사는 것이 고통의 연속이었습니다. 마음이 답답해 안 다녀본 절이 없을 정도였고, 스님 말씀을 빌리면 여기저기 쑤시고 다녀봤지만 답답한 마음은 더 커져갔습니다.

그러던 저에게 지인께서 안심정사 법안스님을 소개시켜 주셔서 친견을 하며 처음엔 솔직히 시원한 답을 주실 줄 알고 기대를 하였는데 지장경 읽고 산신전에 술 올리라 하셔서 술 올리고 내려와서 기도해도 신랑은 나아지는 건 없어서… 휴~ 내가 또 어리석게 돈쓰고 왔구나 하는 생각이 들더군요. 그래도 지장경 기도는 빠지지 않고 계속했습니다.

그러던 중 1월에 생각지 않던 500만원이 생겼습니다. 지인께서 천도재하면 되겠다. 감사공양 10%를 해라 그러시는데 어리석은 저는 순간 공양금이 아깝다는 생각을 잠깐 했으나, 아차 싶어서 바로 공양금을 냈지요. 그 뒤 연말정산 후 100만원이라는 공돈이 생겼지만 그 돈에 대해선 공양금을 내지 않았습니다. 그런데 너무나 신기한 일들이 그 후 계속 생기더군요.

돈이 새기 시작하는데 정말 걷잡을 수 없이 새더니, 통장잔고가 2000원까지 내려가서 기도비 1000원 낼 돈이 없어 며칠

씩 낼 수 없게 만들고 나중엔 신경성 위염에 걸려 직장을 그만 두는 지경까지 만들더라구요. 그제서야 부랴부랴 돈을 빌려서 약사재를 했습니다. 처음엔 감사공양금 안 내서 생긴 일이란 생각은 안하고 하늘을 원망했지요. 도대체 제게 왜 그러시는 거냐고, 아무 말도 들리지 않았고 아무 생각이 들지 않았습니다.

그냥 죽고만 싶어서 기도도 그만두려 했습니다. 그래서 손을 놓았더니 1년 넘게 기도할 때 좋아졌던 남편의 병이 기도 끊은 지 8일 후 바로 생기더군요. 참 이게 무슨 일인지… 절에도 안 가려고 맘만 먹으면 바로 신랑을 술 먹인답니다. 그래서 마음을 있는 대로 잡고 소원표에 적었습니다. 부처님 제발 아픈 거 낫게 해주세요. 다시 태어나면 다른 사람들을 살리며 살겠습니다 하며 빌고 또 빌었습니다.

하루에 1만원씩 하는 기도비를 4개월 동안 한 번도 빼먹어 본 적이 없고, 재능기부하려고 배웠던 일이 제 손이 약손으로 변해서 사람을 살릴 수 있는 재능이 되어 그 일로 돈도 벌고 있습니다. 그렇게 속 썩이던 제 신랑도 부처님께서 떡잠을 자게 하셔서 술 먹으러 갈 수 없게 만드시더군요.

그동안 반신반의했었는데 정말 부처님은 살아 계시다는 걸

진심으로 믿게 되었습니다. 2018년부터는 산신전에 과자를 매주 놓기로 마음먹고 지금까지 두번 과자 2만원씩 놓았는데 세상에~ 남편이 어제 나이트 때(여수공단 3교대로 나이트 땐 아침 7시에 귀가합니다) 자기를 절에 데리고 가라더군요. 잠은 차에서 자면 된다면서… 그냥 눈물이 하염없이 흘렀습니다.

　간절히 원하면 되는 거구나. 이게 꾸준히 하면 되는 거구나. 특히 감사공양 10% 꼭 하십시오. 부처님께서는 절대 공짜를 좋아하시지 않습니다. 내가 원하는 게 많으면 그만큼 공양도 많이 하십시오. 저는 지금 아픈 것도 다 나았고 돈도 전보다 두배로 벌어서 다른 공양도 전보다 더 많이 할 수 있게 되었습니다.
　부처님 정말 ~ 정말 감사합니다~~♡
　법우님들. 기도도 중요하지만 공양도 진짜~ 진짜 중요합니다.

2018. 04. 23. / 1471

# 천도재 후
# 꿈꾸고 이룬 일

법안스님 이런 복을 짓게 해주셔서 정말 감사드립니다.

합동 천도재를 올리고 저 또한 법우님들처럼 무슨 일이 꿈에 나타나겠지 하고 은근히 기다렸었습니다. 그런데 소식은 없고 그냥 무심코 날을 보냈었지요. 조상님들이 좋은 곳에 가셨기를 내심 바라며 현몽이 있기를 기다리다 부처님을 믿고 법안 큰스님 믿고 처해진 현실에서 최선을 다했다라고 생각했습니다.

다음에는 더 많은 조상님들 위해 더 많은 옷도 해드리고, 천도재도 단독으로 지낼 수 있으면 좋겠다고 빌며 소원 성취 기도는 계속 되었습니다.

4일이 지난 4월 22일 일요일 드디어 꿈을 꾸었지요.

제가 다른 법우들께는 손도 못 대게 하고 저 혼자 안심정사 수저통에 있는 숟가락 젓가락 서너 통을 한가득 깨끗이 반짝반짝 닦고 있었습니다.

그리고 관음시식 한다며 사람들이 두세 줄 줄을 섰는데 너무나도 줄이 길어 법당 안이 꽉 차 있었답니다. 제가 빨래를 다해서 개어 놓은 옷들을 넣어 둔 무거운 서랍장들을 통째로 세 개나 이리저리 옮겨 놓기도 했지요. 그런데 옷들은 모두 깨끗한 흰색이었습니다.

꿈을 깨고는 조상님들이 저리도 많이 오신 건가 하고 놀라기도 했었습니다. 조상님들 누구누구 지명을 하게 되면 지명하지 않은 분들은 못 드시고 서운해 할 거 같아서 저는 조상일체로 하였습니다. 다 오셔서 맛있는 음식 드시고 좋은데 가시라고요. 공평하게요.^^

또렷한 꿈을 꾸었던 건 근래 처음 있는 일이었습니다. 사실 무슨 꿈을 꾸는 것 같아도 자고 일어나면 기억이 안 나고는 했었지요.

### 🔸 5년 만에 친정가족 전체와 화해하는 복을

천도재 후 피치 못할 오해로 원수처럼 되어 동서남북으로 각자 떨어져 외면하고 살던 친정 가족들과 연락이 닿았습니다. 아버지 소식과 형제들 소식을 듣게 되었으며 연락이 끊겼던 남동생도 만났고, 여동생과도 큰 다툼으로 5년이 되도록 연락을 안 하고 지내다가 통화도 하게 되며 영상통화로 서로 얼굴도 보게 되었지요.

그동안 제가 맘고생 많이 했지만, 부처님법 만나 귀의하고부터 모든 이들이 용서가 되었고 오히려 그들에게 내가 용서를 빌어야겠다고 깨달아 제 잘못이 컸다는 사실을 알았습니다. 마냥 미안하기만 했고 가족들이 참 가엽고 불쌍하게만 여겨졌습니다. 그러나 그들이 그걸 풀기에는 시간이 필요하였기에 때를 기다렸지요.

저의 그 마음을 부처님께서 전부 읽으셨나 봅니다. 너무도 아무 일 없었듯이 자연스레 가족 형제들과 연락이 닿은 것이 참으로 불가사의하죠. 돌아오는 주말에는 서로 만나기로 약속도 했습니다.

얼마 있으면 칠순이 된 아버지 잔치문제를 동생들과 의논도 하게 되었지요. 자식 된 도리로 잔치를 모른 척 하기도 저 또한 맘이 편치 않았는데 이번 계기로 준비를 해야겠단 맘도 갖게 되었습니다.

　무엇보다도 가족들에게 부처님법의 진리를 알리고 참되게 같이 행복하게 살기를 바라며 이끌어 와야겠다는 다짐을 하고, 꾸준하게 그 바람의 기도를 할 것입니다. 이 모든 일들이 천도재를 모신 공덕이라고 저는 생각합니다.

　부처님! 지장보살님! 감사합니다.
　법안 큰스님 정말 존경하고 감사드립니다.
　꼭 성공하여 은혜에 보답하고 싶습니다.
　우리 안심정사와의 인연에 진심으로 감사드립니다.
　재벌 되라는 큰스님 명령, 우리 모두 이행합시다.

2019. 02 .06. / 1825

# 지장보살님!
# 소원 이뤄주세요

힘들고 암울한 3년도 지나갔습니다.

법안스님께서 '화경和敬'을 직접 쓰셔서 액자를 만들어 주셨습니다. 법안스님이 남편과 이젠 싸우지 말고 집안에 복이 들어오려면 첫째가 가정의 화합이라고 하시면서 화경 액자를 직접 쓰셔서 만들어주셨습니다. 화경을 걸어놓으면서 우리 가족이 화합을 하여야만 큰 복이 들어온다고 가족들에게 말하며 이젠 화합하게 해주십시오~ 마음속으로 다졌습니다.

그래서 그런지 그 뒤로 집이 고요하고 뭔지 모르는 부처님의 가피로 은은하고 고요한 물결입니다. 제 스스로가 지장보살행을 하시라는 지장경 속의 내용을 새기면서 어려움들이 제 눈앞에 보이면 어떻게 해야 되나 많이 생각하게 됩니다.

제가 언젠가 지난 추석에 큰집에 가서 명절을 쇠고 조카며느리 글을 올린 적이 있습니다. 아직 불교가 뭔지 모르는 젊은 조카며느리한테 지장경 무조건 읽으라 하기도 조심스럽고 강요하기도 조심스럽지요~ 그렇지만 큰집에 가니까 예쁜 손으로 전을 부치고 있는데, 손을 만져주면서 어떻게 좋은 소식은 있어~? 물어보니 웃으면서 작은엄마 아니요~ 그러는 거예요~

이번엔 집에서 출발할 때 만화 지장경/ 포켓 지장경/ 법안스님CD/ 정말잘돼/ 다 가방에 넣어가지고 갔거든요~ 4가지를 주면서 작은엄마가 강요는 안 하고 자네가 한번 읽어보고 우리 스님CD도 들어보고 해봐~하면서 건네주었습니다.

큰집 식구들 여러 형제들 다 계시기 때문에 강요하기도 조심스럽긴 하지요.~
큰집 큰형이 사기죄에 연루되고 얽히어서 곤란한 법정분쟁까지 가는 사건이 있기도 했지요.~ 제가 물어보니 큰아버지 사건은 잘 해결되어서 대법원까지 간 끝에 무죄 확정받았다고 저한테 고맙다고 하긴 합니다. 저희 남편의 근심걱정 해소된 것 또

한 지장경 기도한 지장보살님의 위신력이라 생각합니다.

설날 아침에 조카며느리가 저에게, "작은엄마 만화지장경 읽으면서 기도해도 돼요?" 그러는 거에요~ "만화지장경 읽어 봤어?" 하니까~ "네 작은엄마 읽어봤어요~"

하루에 한꺼번에 다 읽으려고 하면 힘들 수도 있어. 상,하권으로 돼있으니까.

읽을 수 있는 데까지 읽으면서 차분하게 앉아서 읽으면서 기도하라고 일러주었습니다. 큰엄마도 자네가 기도 좀 해주게나~ 하시며 김장김치 한 통을 주신다 하네요~ 제가 조카며느리 손을 잡아주면서 우리 며느리하고 나하고 둘이 올해는 기도해 보자 하며 "지장보살님, 올해는 우리 며느리 꼭 소원 이루어주십시오." 기도해 주었답니다.

제 앞가림도 힘들지만, 지장보살님은 불가사의하시기에 조카며느리 아이 갖게 해주시리라는 확신기도 다짐해 봅니다. 이 카페를 통해서 정월방생 부산방생도 동참해서 기도해 봅니다. 남의 일이 아닌 저의 몫이라 생각하고 기도하겠습니다. "지장보살님 조카며느리 이은희 열심히 지장경기도 염불독송해서 저와 합심기도해서 꼭 이루어지게 해주십시오~"

김기곤 37세 이은희 37세 자라방생 정월방생신청 동참합니다. 지장보살님! 용왕대신님! 꼭 아이 잉태하게 소원 이루어주시기를 간절한 기도 발원 올립니다.

2018. 09. 07. / 1647

# 7년 만에 합격한
# 경찰공무원시험 1차

2011년 1월 딸아이 임용고시 합격 소식을 올리고 오래간만에 글을 올립니다. 이제 시작이지만 기쁜 마음을 혼자만 느끼기에는 너무 아쉬워서 법우님들과 공유하고자 합니다.

우리 부부 본격적인 지장기도는 2017년 1월 2일부터 시작하여 매일 04:00~05:30분까지 한 독씩 백일기도 6번 회향이 오는 9월 12일입니다. 갈수록 몸이 힘은 들지만 숙명으로 생각하고 열심히 독경기도하고 있습니다.

어느 집이나 100% 만족하게 베풀어 주는 것은 없다고 합니다. 각 가정마다 어렵고 힘든 일 없는 집이 없듯이 우리집 소원

표 1번 소원은 을축생 아들이 경찰공무원시험에 합격하는 것입니다. 경기가 어려워서 모두들 선호하는 직장이 공무원이라고 하여 많은 이들이 몰려 왜 그리도 어려운지…

7년 가까운 세월을 시험 보며 젊은 청춘을 불살랐지만 행운의 여신은 다른 곳으로 저만치 달아나고 나이는 자꾸만 먹고 다른 데 취업을 하려 해도 마땅한 곳이 없고 한 번만 한 번만 ~~~하다가 그렇게 먼 길을 돌아오게 되었습니다. 그래도 합격만 한다면 그보다 더 좋은 것은 없지요?

부모 입장에서는 본인이 하고자 하는 일을 적극적으로 밀어주고 믿어주어야 하지만, 다른 사람을 통해 아들이 하는 말을 들었는데 죽지 못해 산다고 하는 말에 마음이 넘 아팠습니다. 말은 안 해도 장손으로 기도 못 펴고 말 못하는 심정을 누가 알겠습니까? 지성이면 감천이라는데 부처님과 지장보살님께서 때가 아니어서 합격을 시켜주지 않으시는가 보다 하며 원망하지 않고 의지할 수밖에 없었습니다.

9월 1일 실시한 충북지역 경찰공무원시험(32대1)을 치르고 그토록 고대하던 합격소식이 9월 6일 어제 들려왔습니다. 온가족이 기뻐하고 위로하고 축하해 주었습니다. 아내는 기쁨의 눈물을 딸아이 임용고시 합격할 때 흘리고 이번에 두 번째 기쁨의 눈물을 흘리며 엉엉 울었답니다. 왜 그리 좋을까요? 그저 미소만 나옵니다. 세상에 자식 잘되는 것이 안 좋은 부모는 없을 것입니다.

물론 이제 1차 합격이라 시작에 불과하지만 그래도 지장보살님전, 관세음보살님전, 약사여래부처님전에 백미 감사공양을 약소하게나마 올렸습니다. 올 추석명절에게는 기 좀 펴고 차례 지낼 수 있겠네요. 감사합니다. 아직도 갈 길이 멀다고 느끼지만 우리에게는 부처님 빽이 있으니까요. 열심히 준비해서 2차, 3차, 최종합격을 간절히 원하며 기도하고자 합니다.

지난번 큰 스님께 100일 축원 기도를 신청하였으며 1차 합격하였으니 10월 10일부터 12일까지 2차 시험이 있고, 10월 29일 서류전형심사, 11월 7일 3차 면접시험, 11월 23일 최종합격의 영광을 누릴 수 있도록 바쁘신 큰스님께서도 힘을 보태주시길 간청하옵니다.

소원성취가 잘 이루어지는 안심정사 법안 큰스님의 지도 원력을 믿고 의지하면 안 되는 것이 없다고 생각합니다. 내 앞가림 잘하는 것이 자리이타의 지름길이라고 하셨습니다. 어려운

이웃을 돕는데도 눈을 돌려보고자 합니다. 다음에 최종합격이 되면 다시 올리겠습니다.

감사합니다. 아미타불! 법우님들 감사합니다.

2018. 05. 25. / 1499

# 둘째딸 환경기사시험 합격

"우와~~ 부처님 가피다!"

오늘 아침 휴대폰에서 카톡 소리가 나고 잠시 후, 둘째 딸이 "엄마는 톡을 안 보냐?" 하면서 기사시험 합격했다고 하는 말에 저도 몰래 크게 소리 질렀지요.

환경기사시험 합격에 왜 그리 좋아하나 하실 수도 있겠지만 이건 정말 말로 설명할 수없는 사연이 있습니다.

첫 필기시험 때. 작년부터 계속 시험에 떨어져 힘들어 하던 둘째 딸이 이번에도 59점으로 떨어졌다고 낙담하며 합격할 수 있는 가능성은 마킹실수뿐이라고 했지요. 그런데 발표 당일 60

점으로 합격이라는 소식에 우리 가족 모두 이게 무슨 일이고??

도저히 모르는 문제를 1번을 찍었다가 다시 3번으로 고쳐서 (왜 고쳤는지 이유를 모르겠다 하네요) 59점으로 떨어졌다고 생각했는데, 그 문제가 정답이 바뀌어서 딱 60점으로 합격했다니~~~

2차 시험 그럭저럭 치고, 3차 실기시험 치고 온 우리 딸.
이번에는 더 어이없어 말도 안 나오는 상황입니다. 진짜로 그런 일이 있을 수 있나싶어 입이 딱 벌어졌지요. 3차 실기시험장에서 바로 옆 수험생이… 평생 볼 일없다며 생각하고 헤어진 전 남친이었답니다. 심장이 쿵!~~~했으나, 그때까지는 그나마 정신이 있어서 지장보살님! 했다고 하네요.

정신없는 상황에서 실험 시작하자마자 한 번도 안 쓴 새 실험기구가 바로 고장이 나는 2차 멘붕상태가 왔답니다. 손이 부들부들 떨리고 심장이 쿵쾅거려 아무 생각이 안 나서 4시간 동안 실험을 어떻게 했는지 완전히 망쳤다고 하더군요.

그런데 86점으로 넉넉하게 최종 합격했답니다. 그냥 합격한 것이 아니라 이것은 분명히 영험하신 대구도량 불보살님의 가피와 함께, 자식 기도는 아빠가 해야 더 잘 이루어진다는 스님 법문을 믿고 과자공양 올리고, 딸 시험 치는 시간마다 법당에서 기도한 우리 집 남편 지장보살님 정성으로 이룬 합격이라 더 기쁩니다.

이번에도 간절히 기도하면 다 되게 만드는 불보살님의 힘이 있구나 하는 확신이 생겨 정말 기쁘고 감사합니다. 오늘 아침 감사공양도 올렸습니다. ㅎㅎ~~~ 부처님 감사합니다.
항상 어리석은 중생 바른길로 이끌어 주시는 법안스님 감사합니다.

2018. 09. 04. / 1644

# 병원 가는 대신
# 기도로 치유

5일 전, 초등 4학년 둘째 딸아이 한지가 방과 후 수업 다녀오다가 미끄러져서 넘어져 엉덩방아를 찧어 재채기와 기침할 때마다 꼬리뼈를 잡고 소스라치게 아파했습니다. 병원 가자 해도 무섭다고 안 간다는 고집에 그냥 지켜보고만 있었는데, 본인이 도저히 안 되겠는지 병원에 가보자 해서 수업 일찍 마치는 날 가기로 약속을 했지요.

저는 대수롭지 않게 여기다가 상황이 심각함을 느끼고 오늘 약사여래 부처님께 공양을 올리고, 학교에서 돌아오는 딸아이를 잡고 욕실로 가서 향물로 엉덩이를 씻겼습니다. 딸아이는 싫다며 뭐하는 거냐고 어이없다는 표정으로 "아프기만 해봐, 엄마!"라고 하며 툴툴 거렸지요. 허공에 대고 "낫게 해주세요"라고 고함도 지르고…

딸아이는 이런다고 아픈 것이 고쳐지냐고 했지만, "내 생각이 결과를 만드는 것이니 그런 생각 말고 부처님을 믿고 조용히 부처님께 빌어!"라고만 했습니다. 저는 딸과 엄마 말이 맞나 안 맞나 내기를 하게 되었지요.
다친 엉덩이 부위를 씻기며 "부처님~ 깨끗이 낫게 해주세요!" 하고 간절히 빌었습니다.

그리고 30분이 조금 못 지나, 아이가 다시 재채기를 하더니 눈을 동그랗게 뜨며 스스로도 놀랐는지…
"엄마 진짜 신기해"라고 하며 팔짝팔짝 놀라 뛰는 것이었습니다. "정말 하나도 아프지 않아!" 라고 합니다. 오늘 아침까지만 해도 아프다고 한 아이가 맞나 싶을 정도입니다.^^

저는 혼자 생각하기를, "무슨 부처님 가피가 이렇게 빠르지? 하루도 안 지났는데" 라고 생각하면서도 무서움이 들었습니다. 진짜 나쁜 짓하면 안 되겠다 바로 옆에 계시는 거 맞네~ 라고 크게 또 한 번 깨달았습니다.

이제는 어떠한 일이든 하루이틀이 아닌 하루도 안 가는 부처님 가피입니다. 감사합니다. 감사합니다가 절로 나옵니다.
내일 수요법회 때 부처님 전에 필수인 감사공양도 하러갑니다. 안심정사 가족 여러분들! 우리 모두 착하게 선업 지으며 복 받고 삽시다.^^

부처님 감사합니다.
큰스님 원력에 또 한 번 놀랍니다.

2018. 04. 02. / 1446

# 매일 기도의 힘-작은 변화

아직 초보 불자입니다.

매일 법문 들으면서 나도 언젠가 글을 꼭 남겨야지 마음만 먹다가 오늘 용기를 내서 실천을 해봅니다.

태교 기도를 하다가 멈추면 불안한 마음이 계속 들어 그냥 이어서 하고 있습니다. 백일도 되지 않는 아이 키우느라 시간 여유가 없어서 체력적·심리적으로 엄청 힘든 시간인데도 짬짬이 시간 내서 매일 기도합니다. 밤에 지쳐 자다가도 '엄마야! 기도 안 했네' 하고 일어나서 기도해야만 마음이 편하답니다. 예전에 지장기도를 백 일간 했는데, 어느 순간 정신 차려보면 '관세음보살~'을 반복하고 있는 것을 알고 아~ 난 관음기도를 해야 하는구나 생각했습니다.

　그래서 요즘은 '천수경-관세음보살 보문품-광명진언(세 번)-반야심경'을 읽는 기도를 합니다. 기도를 하다보면 문득 떠오르는 기도를 더 첨가하기도 하지요. 예를 들어 보문품을 읽으면서 '관세음보살을 반복해서 108번 더 읽어야겠다' 혹은 '광명진언을 108번 읽어야겠다' '감사합니다를 108번 읽어야겠다' 등등으로 생각이 들면 그 기도까지 마무리 합니다.

### 하루 3개 이상 감사한 수기 쓰기

　특히 글로 쓰는 감사기도를 하지요. 이것 또한 기도 중에 문득 떠오른 생각이라 해야겠다고 정한 것입니다. 하루에 3개 이상씩 꼬박꼬박 진심으로 감사하는 기도를 수기로 쓰다보면 저절로 눈물이 날 때도 있고 환희심에 기쁜 마음으로 지낼 수 있어 좋더라구요. 감사기도를 수기로 적는 것을 꼭 추천 드립니다. 정말 감사할 일들이 더 많이 생겨납니다.

　감사기도 하면서 받은 가피를 말씀드리면 너무너무 많습니다. 그중 대표되는 것은 지금 백일도 안 된 아기 얘기입니다. 태아 때 심장이 안 좋다는 말을 듣고 오로지 기도에 매달렸지요.

당연히 크고 작은 보시들도 하고 마음이 내키면 다소 무리가 되더라도 제 비상용 용돈까지 털어서라도 보시를 했습니다.

그렇게 기도와 보시를 하다 보니 더 좋은 보시의 기회도 알게 되더라구요. 아이가 나오기 직전, 제가 다니는 가까운 절에 경전보시를 했는데 아직도 뿌듯한 마음으로 남아 있습니다. 마침 스님도 보시할 분을 찾고 있었다기에 저는 기쁜 마음으로 보시를 하고 싶었지요. 원래 관세음보살보문품을 보시할까 했는데 모든 경이 다 수록되어 있는 가볍지만 독송용으로 나온 좋은 경전을 보시할 수 있었습니다.

제가 할 수 있는 선에서 100권 정도의 보시를 할 수 있었지요. 당연히 새로 온 신도님들에게 무료로 배포할 계획이라고 하시더라구요. 그 기쁨은 정말 설명할 수 없이 컸지요. 스님이 말씀하신 대로 적은 돈으로 많은 효과를 누리는 게 좋다는 법문이 생각나면서 너무 감사했습니다. 꿈에서도 가피가 있었습니다. 한번은 법안 큰스님이 나오셔서 묵언으로 우리 집을 아주 깨끗한 법당으로 지어주셨는데 그 모습이 아주 세련된 현대식 암자처럼 집을 꾸며주셨습니다.

맑은 샘물이 졸졸 흐르고 너무 깨끗한 느낌이어서 깨고 나서도 너무 기분이 좋았습니다. 또 다른 꿈은 화분에서 빨간 꽃대가 올라오며 꽃이 활짝 피더라구요. 아직도 생생한 꿈이었습니다. 괜찮아질 거란 믿음이 있었지만 방심하면 정성이 모자랄까봐 끝까지 기도에 매진했지요. 역시나 제가 다니는 병원에서는 이상 없다고 진단이 나왔으나, 혹시 모를 수 있으니 큰 병원에 가서 마지막 검사를 해보라 하더라구요.

그때까지 기도는 당연히 계속하며 크고 작은 보시로 시간을 기다렸습니다. 다른 지역의 큰 종합병원에 접수를 했죠. 아픈 애들이 대기실에 꽉 차 있는 상황에서도 저는 놀러온 듯 기분이 상쾌했지요. 순서가 되어 아기를 눕혀놓고 심장검사를 하는데 그 순간 관세음보살님을 얼마나 간절히 불렀는지 모릅니다.

제 마음의 불안을 떨치려고 관세음보살님을 지극히 불렀는데 의사선생님이 수치를 얘기하시면서, "완전 정상이니 다시 재검하러 안 오셔도 됩니다." 그 말씀을 들으니 울컥 눈물이 나오더라구요. 법안스님 감사합니다. 기도법을 꾸준히 법문으로 알려주시고 심법을 반복적으로 알려주셔서 제가 잊을만 하면 법문을 듣고 '아차 또 놓치고 있었네!' 생각할 수 있었습니다.

또 불보살님이 얼마나 완벽한 분이신지 검사할 때 여러 병원의 병원비까지 보험처리 다 되게 해주시고 거의 차비 정도만 나갔지요. 그것마저도 남편이 꼭 써야 했던 마일리지로 처리해서 작은 부분까지도 다 완벽하게 해결해 주셨고, 아이는 지금 건강하게 잘 자라고 있답니다.

## 지장경 새벽기도 방법

1. 새벽 3시에 일어나서 몸과 마음을 단정히 하고 기도 준비를 합니다.

2. 집안의 깨끗하고 조용하며 적당한 장소에서 북동쪽을 향해 앉습니다. (동쪽도 괜찮지만, 화장실 방향은 피합니다.)

3. 지장경을 올려 놓은 곳을 향해 3배를 합니다.

4. 소정의 공양금을 일정한 장소에 올립니다. (기도 회향하는 날까지 매일 이렇게 공양금을 올려서 모아두고, 회향하고 나면 그 공양금을 자신의 원찰에 희사합니다.)

5. 미리 작성한 10대 소원표를 세 번 소리 내어 또박또박 읽습니다.

6. 새벽 3시 30분~5시 30분 사이에 지장경 한 번 읽습니다. (시간을 지킬 수 없는 상황에는 1품씩 끊어서 하루에 모두 읽으세요.)

7. 1독을 마치면 10대 소원표를 다시 세 번 소리 내어 또박또박 읽습니다.

8. 시간이 남으면 지장정근을 108번 또는 1080번 합니다.

9. 3배를 올리고 기도를 마칩니다.

제2장

# 소원성취

- 내 인생의 길라잡이
- 지장보살님 끊임없는 가피
- 고3 아들과 엄마~^^
- 소원표 4번, 8번, 9번 이루어져
- 10대 소원표 중 4번째 이루어지다
- 신용등급도 올린 지장기도
- 나홀로 고독한 싸움
- 걱정 말고 기도하라
- 지장경과 소원표의 기이한 기운
- 발등에 불~ 산신기도 입재
- 법안스님 덕분에 희망이 생겨

2018. 10. 13. / 1684

## 내 인생의 길라잡이

경북 구미에 사는 54살, 아들 넷에 무녀만 불자입니다.

지난 6월부터 안심정사와 인연이 되어 된 것은 유튜브로 법안스님을 첨 뵙고부터였습니다. 3월에 저의 전부였던 신랑을 하늘나라에 보내고 헛헛한 맘일 때 '정말 잘돼 할 수 있어!'란 말은 힘들고 지친 저에게 주는 광명 같은 선물이었지요. 그리고 새벽 지장 기도야말로 제가 죽을 때까지 할 일이구나 확신하게 된 것입니다.

뭔가에 끌리듯 안심카페 가입하고 논산 본찰 방문하여 지장 기도법이랑 럭키체인을 선물 받고, 소원표 작성한 후 재수불공

3년 이체랑 만선공덕회와 불경공덕회 가입하고 인시 기도를 시작했습니다. 신랑이 10년 정도 위암 투병하며 소화기 쪽으로 작은 병들이 이어지면서 고생하다가 돌아가셨는데, 진작 안심정사를 알았으면 얼마나 좋았을까 하는 생각이 항상 듭니다.

저는 근기가 날카롭진 않지만 들으면 바로 받아들이는 스타일이긴 해서 새벽기도는 크게 힘들진 않았습니다. 제 소원표 1번은 일단 제가 혼자 운영하는 식당 매출입니다. 요즘 같은 불경기에도 손님이 많아졌지요. 2번은 몸 아픈 것을 낫게 해달라는 것입니다. 일찍부터 식당을 해서 닥치는 대로 일하고 살다보니 이제 여기저기 아픈 곳이 많아졌기 때문이지요.

손가락마디가 툭 튀어나온 류마티스 관절염이 항상 욱신거리며 아팠는데 요즘 안 아픕니다. 현실적으로 항상 내가 돈을 벌어야 했고 그러려면 안 아파야 했기에 소원표 1, 2번을 모두 제 것으로 썼지요. 저는 매달 부산방생이랑 토요 재수불공은 꼭 참석합니다. 관음시식이 너무 맘에 듭니다.

그리고 지난 한강수륙재 때도 아들들 데리고 다녀왔지요. 아무래도 그때 입은 가피인 것 같습니다. 부처님! 지장보살님! 스님! 감사합니다.

지난 추석 다음날 시댁에서 오는 길에 중앙고속도로 1차선에서 정체가 시작되며 접촉사고가 있었는데 우리 차는 앞차와의 간격을 줄였지만 뒤차가 우리 차를 심하게 충돌했습니다. 다행히 우리 차의 아들들이랑 저는 다친 데 없이 무사했고 뒤차는 쏘렌토 새 차라는데 폐차해야 할 것 같아 보였지요.

에어백이 다 터져서 사람은 안 다쳤다니 그래도 다행이었습니다. 아들들이 "엄마! 진짜 부처님께서 도와주신 것 같다"며, 뒤차에 받칠 때 앞에서 누가 잡아주는 것같이 충격을 줄여주는 느낌을 받았다고 하네요. 아니었으면 우리 차도 앞차 BMW를 쳤을 텐데 진짜 간발의 차이로 천상과 지옥을 경험하는구나 라는 생각에 "지장보살님! 고맙습니다" 했습니다.

### 안심카페 닉네임 짓는데 두 달 걸린 망설임

기도한 지 얼마 되지도 않았는데 또 소원표가 이루어졌네요. 저는 스님께서 시키는 대로 채식 위주의 식사를 합니다. 요즘 같은 실업자 시대에 막내가 대학 졸업반으로 서울의 원하는 회사에 취직이 되었답니다. 항상 소원표가 이루어지면 감사공양을 올렸는데, 이 기회에 종무소 진선화 법우님! 모든 법우님들 배우고 따라 하려고 노력합니다. 고맙습니다.

첨엔 적당한 단어나 용어를 몰라서 댓글도 못 달고 닉네임 짓는 데 두 달 걸렸습니다. 스님께서 이것도 법공양이라 하셔서 용기내서 적습니다. 저 같은 법우님들 힘내세요.

제주기도는 동참만 했는데 다음엔 꼭 가도록 하겠습니다. 수계도 받고 성지순례도 가고 암튼 앞으로 다 하고 싶습니다. 신랑 그늘 밑에서만 살다가 혼자 뭘 하는 게 의욕도 안 나고 어려웠는데… 법안 큰스님 만난 인연을 보면 부처님께서 나를 버리시지는 않았구나 하는 생각에 마음이 따뜻해지고 든든하여 힘이 납니다.

법안스님 매력 포인트가 한두 가지 아니지만, 특히 저는 스님의 염불 독경소리가 너무 좋아요. 예전에 들었던 파리나무십자가합창단(14세 이전 변성기 전 남자아이 목소리)보다 더 맑고 좋아요. 그래서 편안한 기도를 하는 것 같습니다.
병 잘 낫고 소원성취 잘되는 우리 안심정사~~♪♪♪.

2018. 04. 26. / 1473

# 지장보살님 끊임없는 가피

무조건 버텨내면 된다는 큰스님의 축원 기도에 의지
지장 독경에만 매달려 논산 본찰에서 철야기도
신세계 백화점과 이마트 입점으로 가피를 받다
'캄파넬라'Campanella를 세계적 명품 패션브랜드로 키워 보답

　지난주 4월 21일 토요일 논산 본찰 재수불공 때도 말씀해 주시고, 4월 22일 일요일 본찰 일요법회 때도 계속 소개해주셨습니다. 특히 본찰 법회에서는 "내가 누구라고 절대 말할 수는 없는데 서울법당 김교돈 법우라고 있어요~" 라고 하시면서 소개하시는데 얼굴이 화끈화끈 했습니다. 앞으로는 빨리빨리 말씀 올리도록 하겠습니다.

저는 2015년 7월 10일 안심정사와 처음 인연을 맺었습니다. 막연한 기대감 속에 미치도록 밤낮 가리지 않고 유튜브, BBS, BTN, 불교관련 블로그 등등 찾아다니고 뒤지고 듣고 보고 그랬습니다. 아마도 지장보살님께서 내려주신 가피가 아닌가 싶고 불교와의 인연이 이렇게 시작되었던 것 같습니다.

여러 스님들의 법문을 들으며 슬슬 혜안이 생기고 머리가 맑아지며 근기가 아주 조금씩 밝아지는 듯 했습니다. 그때 우연을 가장한 필연처럼 법안스님께서 하셨던 BTN 천수경과 지장경을 듣게 되었고 그 후 갑자기 온몸에 띵~하면서 전해져 오는 느낌이 있었지요. 용기를 내어 2015년 7월 10일 서울 금요재수불공 금요기도와 철야기도에 동참하던 날. 아직도 그때 뵌 큰스님 모습이 눈에 선합니다.

### 무조건 버텨내면 된다는 큰스님의 축원 기도에 의지

2015년 그 당시 제가 처한 상황들이 너무 다급했기에 무조건 법안스님께 저의 절박하고 힘든 상황을 말씀드렸더니, '생년월시' 물으시며 바로 말씀하시길 내년 2016년 초까지는 힘들다. 그래서 저는 "지금 이달 안에 당장 문 닫고 부도나게 생겼습니다." 하니 스님께서 "2015년 음력 7월 까지는 무조건 버텨야 한다"고 말씀 하시더군요.

"열심히 지장경 읽고 지장 정근하면 해결 돼, 걱정하지 마" 하시기에, 2015년 7월 17일 금요재수불공 2차 법문과 철야기도에 참여하고 재수불공보시와 백중보시를 한 후에도 조급한 마음에 불안했습니다.

한 번 더 큰스님께 부탁드리길, 2015년 7월 28일부터 8월 2일까지 서울소재 대형백화점에서 하는 명품대전에 제가 수입하는 이탈리아산産 액세서리들로 참관하오니 부디 대박기원 축원과 기를 주십사 부탁드렸지요. 법안 큰스님께서 손을 잡아주시고 다른 한 손으로 마저 제 손등을 따뜻이 잡아 주시며 "대박날 것이요. 열심히 기도하시오." 하시며 축원해 주셨습니다.

그때 얼마나 울컥하며 마음이 짠하면서도 든든하던지요! 안심정사와 인연 맺은 지 불과 2주밖에 안 되었던 제게 첫 가피가 이루어진 것이 2015년 7월 22일, 몇 년 동안 오지도 않던 손님 한 분이 갑자기 오셔서 수천만 원 가량 맞춤양복들과 셔츠들을 주문하시더군요, 그 덕에 한방에 부도날 뻔한 문제와 밀렸던 빚 해결도 순식간에 어느 정도 해결이 되었고 장사 밑천 할 여윳돈까지 생겼지요!

7월 28일 첫날부터 왕~ 대박 나더니 8월 2일까지 순항 매출은 계속 이어졌고, 더욱 신기하고 값진 것은 그 삼복더위에 겨울 스카프와 겨울 장갑을 고객들이 일렬 종대로 줄지어 오시듯 구매하시는 것이었습니다. 주위의 경쟁 대기업사들 임직원들이 이 여름에 겨울 제품이 팔리겠냐?! 메이드인 이태리면 다냐? 비아냥거리던 소리들도 쏘옥~ 들어가게 해줬지요~ 부처님과 지장보살님과 법안스님의 신통력으로요.

2015년 8월 7일 금요재수불공 법문과 철야기도에 참여하고 법안스님께 문안 인사드리고 말씀 올리니 너무 좋아해 주시고 축하해주셔서 몸 둘 바를 몰랐습니다. 하지만 미천한 중생의 성공은 거기까지였나 봅니다. 계속 끊임없이 정진했더라면 지금쯤 재벌 되는 성공 초석이 더 빨리 이루어져 있었을 텐데… 한 2년을 지장보살님 가피의 감사함을 잊어버린 채 살았지요.

더 어렵고 험난한 고통을 맞으며 속된말로 똥줄이 타서 다시 큰스님을 뵙게 되었지요! 다급한 마음에 작년 2017년 8월 26일 다시 전화 드려 "큰스님! 제가 지금 이런저런 일들로 죽기 바로 전입니다, 모든 것이 완전 복잡해지고 망하기 또 바로 전입니다, 어찌 하면 좋겠는지요?!, 살려주십시요, 큰스님!"

"음, 알았으니 9월 1일 금요일 재수불공 때 나와서 기도 하세요, 그리고 같이 얘기하고 해결해봅시다" 하셔서 2017년 9월 1일 재수불공기도에 참여하고 상황을 설명 드리니 "걱정 말고 기도하세요. 우선 지장경 21독을 하면 해결돼" 하셔서 21독을 했는데도, 잘 안 되더군요. 당연한 얘기이지요. 그리 쉬울 거 같으면 다 떼부자가 되겠지요!

돌연 생긴 개인송사로 인하여 2017년 8월부터 현재 거주중인 집의 재산권 주장과 복잡하게 얽혀버린 압류문제, 이로 인해 분양권으로 사둔 40평대 호반베르디움 아파트 입주는 물 건너 가버린 상황이었습니다. 연달아 마이너스 삼천만원 가까이 떨어지더군요!

이대로는 안 되겠다 싶어, 2017년 추석명절, 큰스님께 본찰에서 철야기도하고 싶습니다. 하고 여쭈니 "훌륭한 생각이요, 그렇게 하시요" 하시더군요. 추석 명절 내내 정말 열심히 지장독경하며 염불하며 지내었습니다. 아침부터 저녁까지 살뜰히 큰 스님께서 공양하는 것부터 세세히 신경써주시고 5성급 호텔 수준의 아늑한 침실도 직접 살펴주셔서 정말 열심히 기도에 매진할 수 있었습니다.

### 지장 독경에만 매달려 논산 본찰에서 철야기도

그런 간절함 속에도 이뤄질 듯 말 듯하며 아파트 처분 문제는 애간장을 녹이더군요. 이건 뭐 그냥 막연한 애간장 녹는 수준이 아니고, 심장이 쫄깃해지고 따갑게 저며 오듯 아픔이 느껴질 정도의 불안함과 2월 28일까지 해결치 못하면 사업자에게는 치명타인 신용불량자 타이틀까지 거머쥘 판이니…

지장보살님! 설령 지금 제 소원인 아파트 처분의 소원이 이루어지지 않는다 하여도 법안 큰 스님의 수계를 받은 애제자이고 대결정심을 낸 부처님의 아들이니 결코 불보살님들을 원망하거나 속상해하고 후회하지 않겠습니다. 점심공양을 마치고 커피 한 잔을 마시려 하는 찰나 한 통의 전화가 오더군요.

"경북 부동산인데 마이너스 얼마에 이러이러한 조건으로 구매하고 싶은 손님이 있는데 하실 거냐? 만약 오케이 한다면 지금 바로 계약금 송금하겠다고 한다" 거기다 조금 뒤에는 다른 부동산에서 연달아 전화가 와서 자기도 손님이 붙었으니 자기한테 팔아라 이러구요! 정말 현존하는 가피 중에 가피였습니다. 지장보살님은 제 간절한 소원을 정말 잊지 않으시고 아주 적절한 날에 들어주셨습니다.

비싼 돈에 렌터카로 갔다 오기를 몇 번 거의 포기상태였는데 정말 감사합니다. 지장보살님 이런 가피를 제게 주시다니, 정말 꿈인지 생시인지 분간도 못하고 경북도청 신도시에 2월 28일 내려가서 일사천리로 아파트 분양권과 중도금 대출 승계서류 처리를 해주고 다시 서울에 올라오니 얼떨떨한 마음이 진정이 되더군요!

물론 마이너스 삼천만원이라는 큰 금액을 손해보고 계약금으로 건 돈도 모자라 생돈까지 보태주어 판 것이지만, 아직 젊으니 더 열심히 노력하여 재벌로서 돈을 아주 많이 벌면 될 것이라고 스스로 위안하였습니다.

### 신세계 백화점과 이마트 입점으로 가피를 받다

아울러 2018년 태백산 산행기도 후 입은 또 하나의 가피는 평소에 대통령 만나는 것보다 만나기 힘들다던 신세계 백화점 대표를 1월초 강남 압구정 로데오 길거리 한복판에서 우연히 만나 한 치의 망설임이나 겁냄 없이 바로 그 자리에서 끈질기게 설득하여 당일 저의 쇼룸으로 방문하게 하였지요.

저의 디자인 제품들을 둘러보시고는 모두가 완성도가 좋고

상품성이 뛰어나 이탈리아 명품에도 뒤지지 않는 것 같다 칭찬해 주시며 같이 일해보자, 신세계백화점 벤더(공급자)로 만들어 주겠다 하시는데, 미팅 후 돌아가신 뒤 혼자 남은 저는 눈물이 왈칵! 지장보살님 가피의 감사함으로 다시 한 번 한강만큼 눈물을 흘렸네요! 이렇게도 살아지는구나!

그 인연으로 신세계백화점과 이마트 두 곳 동시에 상반기, 그리고 하반기에 공급할 수 있는 벤더 공급자라는 천운을 얻었으니 이건 가피도 이런 가피가 없겠지요! 아직 기대한 만큼은 아니지만 이제 슬슬 첫 거래 막바지에도 들었고 그 덕분으로 다시 이탈리아 출장길에 오를 수 있음에 지장보살님께 삼가 엎드려 오직 감사 올립니다.

안심정사 모든 법우님들도 지장보살님께 그리고 지장보살님의 살아계신 화신이신 법안 큰스님의 말씀을 믿고 의지하시고 따르시길 발원드립니다. 무조건 지성과 일심으로 지장경을 읽고 염불하면 지장보살님께서 최고의 타이밍 시점에 법우님들이 원하시고 바라는 소원을 모두 정확하게 주십니다.

다만 우리 중생들은 근기가 약해 깨닫지 못하는 아주 못난 미련함이 있습니다. 누구나 주어진 상황과 환경 속에서 살아가지만 지장보살님의 아들, 딸로 살기로 먹고 대결정심을 낸 안심 정사 법우님들이시라면 일단 대박은 났습니다. 소원하고자 뜻하고자 하는 일들이 잘 안 풀리고 당장 죽을 것만 같으세요? 그럼 매달리세요, 그리고 미치도록 끊임없이 애원하고 달라고 하세요! 지성이면 감천이란 이 말씀 괜히 내려오는 말이 아닙니다.

### '캄파넬라'Campanella를
### 세계적 명품 패션브랜드로 키워 보답

재벌 성취나 소원성취에 대해서 궁금하신 것이 있으시면, 무조건 이 세상 끝 그 어디라도 그 누구라도 달려와 주시는 법안 큰스님께 여쭙는 지혜로우신 법우님 되시기를…. 지장보살!! 저도 더욱 열심히 정진하여 패션브랜드 사업으로 이태리 밀라노에 쇼룸을 반드시 내어 전 세계 명품 브랜드로 키우겠습니다. 어차피 제 모든 제품들은 디자인만 국내에서 직접 하고 생산은 100% 메이드인 이태리만 하고 있습니다.

제 브랜드 심볼인 로고도 지장보살님의 마정수기를 받아 부처님의 가르치심인 팔정도 태양 법륜을 사용하였기에 재벌이 안 되면 그게 이상한 거구요, 브랜드명 또한 모든 중생의 마음을 울려주는 작은 종이라는 뜻입니다. 큰스님이 관음시식 때 울려주시는 그 작은 종 말입니다.

저도 제 입으로 절대 제 브랜드 이름명이 '캄파넬라(Campanella)'라고 말씀드릴 수는 없는데요… 마지막으로 반드시 재벌 되어서 불사에도 열심히 동참하겠습니다. 글 읽어주셔서 모든 법우님들께 감사드리며 무량대복 받길 발원 올립니다.

큰스님 제자 정덕, 지심귀명례로 존경하옵고 사랑하옵니다.

2019. 01. 15. / 1796

## 고3 아들과 엄마~^^

저에겐 아들이 전부입니다.

그 아들이 고3이고 해결해야 될 문제가 대학 말고 다른 게 하나 더 있어 제겐 사는 게 온통 걱정과 불안이었습니다. 아들과 같이 죽어야겠다는 생각도 했었지요. 그때 법안스님의 법문을 듣게 되었고, 저와 아들은 이렇게 웃으며 살아있는 자체가 지장보살님과 법안스님 덕분이라 가슴깊이 생각해 감사하답니다.

천도재를 하는 게 좋겠다 하셨지만 차마 엄두도 못 내고 있었는데, 지장경기도 시작하고 천도재도 할 수 있게 해주셔서 제 마음에 답답한 게 하나씩 풀려가는 듯 했습니다. 저는 지장경을 하루 1독, 아들은 체대입시학원에서 11시 다되어 돌아와서 1~2

품은 꼭 독경하고 있지요. 지장경기도를 알기 전 아들은 수시실기에서 모두 합격점수에 미치질 못해서 정시를 준비해야 했습니다.

어제 정시 첫 실기를 치렀는데 너무나 신기한 일이 일어났답니다. 인시기도를 하고 출근해서도 틈틈이 지장경 독경을 하며, 2시부터 실기고사가 시작된다기에 직장이라 큰 소리로 염불은 못하고 맘으로 계속 지장보살 염불을 하고 있었지요. 아들이 "엄마 나 잘하고 올께, 화이팅" 이런 문자를 보내왔습니다.

오전에 출근해서 아들한테 문자로, "학원차로 가는 동안에도 계속 지장보살 염불하고, '정말 잘돼! 할수있어!' 맘으로 말하고, 지장보살님 꼭 합격하게 도와주세요. 이루어주세요 기도하자. "법안스님께서 걱정 말고 기도하라고 하셨잖아" 이렇게 보냈습니다.

"지장보살님 부디 아들이 최상의 컨디션으로 제자리 멀리뛰기할 땐 훨훨 날게 해주시고, 유연성에선 온몸이 쭉쭉 늘어나게 해주세요! 만점보다 더 높은 점수로 합격하게 해주세요. 꼭 도와주시고, 꼭 이루어주세요"라고 간절히 기도했습니다. 그 결과는 정말 대박인 겁니다. 학원생이 다섯 명 갔는데 네 명 모두 시작할 때 긴장하여 파울 나서 감점이 너무 많이 되었는데, 저희 아들만 만점보다 높게 나와 장학금도 바라본다는 거였습니다.

보통 학원에서든 학교에서든 첫 도전에선 항상 파울을 냈던 아들이 이번엔 한 번도 파울이 없었고, 감점 없이 실수 없이 높은 점수로 합격하게 해주셨습니다. 법안스님의 법문에 "간절히 기도하면 어떤 방법으로도 이루게 해주신다" 는 말씀이 생각나고 또 생각나는 하루였습니다.

진작 부터 안심정사 카페에 제가 기도하면서 생긴 좋은 일들을 올리고 싶었지만 글재주가 없어 차마 올리질 못했는데 오늘은 도저히 그냥 있을 수가 없어~ '에잇! 내용이 두서없으면 어때 우리 법우님들은 다 이해해주고 같이 기뻐해 주실 거야. 반신반의 하시는 분들에게 도움도 될거야' 하면서 용기내 쓰기로 했답니다.

다음주 또 다른 대학 실기가 남아 있습니다. 거긴 더 가고 싶어하는 대학이라 더 간절히 기도하려 합니다. 그리고 아들에게 남아 있는 한 가지 문제도 기도로 이겨나가려 합니다. "부디 인시기도 할 수 있게 지장보살님 체력을 주십시요~~^^" 지장보살님 가피 너무나 감사드립니다.

안심정사의 모든 법우님들이 법안스님을 사랑하시겠지만, 저희 모자에게는 생명의 은인이시며 불교와 기도에 대해 새롭게 알게 해주셨고, 마음에 누굴 믿고 의지하며 사랑의 맘을 피게 해주신 분이십니다.

지장보살님! 감사합니다!

법안스님! 사랑합니다!

2018. 05. 09. / 1482

# 소원표 4번, 8번, 9번 이루어져

지장경 기도하며 입은 큰 가피 세 가지를 나누려 합니다.

지난 5월 첫주 황금 연후에 논산 본찰을 방문하지 않았더라면, 제가 얼마나 큰 가피를 입고 있는지도 모른 채 '나는 왜 소원성취가 느릴까'라 자책하며 지냈을 것입니다.ㅠㅠ

첫 번째 불보살님 가피는 친정엄마께 내려졌습니다.

제 권유로 지장경을 읽는 엄마는, 럭키체인 만들면 불보살님이 극락으로 데려간다는 말에 럭키체인 만드는 일까지 시작하셨지요. 그러다 이번에 논산본찰에 가서 큰스님을 뵈었는데 럭키체인 만드는 게 재미있다는 엄마 말에 큰스님께서는 "법우님

복이 많아서 그렇다"하시며, "법우님은 2~6월 사이에 중풍으로 누울 운이었는데 지장경 읽어서 피해갔다"는 말씀을 하시는데 법력 높으신 스님 말씀이신지라 너무 놀랐습니다.

## 죽을 만큼 힘든 고비를 지장경 읽고 넘어간 엄마

사실 엄마는 우울증 초기 단계를 겪고 계셨는데, 가까이서 자주 보는 자식들 아무도 눈치 못 챘지만 멀리서 가끔 안부전화만 하는 저는 전화 목소리로 알아채고 "무조건 지장경을 읽으시라, 그러면 밝아진다"며 지장경 독경을 권했지요. 엄마도 많이 힘드셨던지 그 전에는 흘려듣던 제 권유를 받아들이고 읽기 시작했습니다.

나중에 엄마가 말씀하시는데 그때 정말 죽을 만큼 힘들었다고 합니다.ㅠㅠ

지장경 독경을 권유받은 직후 막내 동생이 엄마에게 시중에 흔한 영양제를 한 병 사다줬는데, 그걸 드신 후부터 몇 십년간 고생하던 입안 염증이 많이 부드러워졌다 하셨지요. 읽겠다고 마음만 먹었는데도 가피가 내려진 것 같습니다. 지장경 독경 이후 평소 허리가 많이 아파 통증주사를 맞으러 여기저기 다녀도 만족할 만한 효과를 얻지 못하더니, 얼마 전 병원을 바꿔 맞은

주사로 많은 효과를 봤다며 좋아하셨습니다.

그리고 오랜만에 본 엄마의 얼굴은 한 달 전에 보았던 어두운 얼굴이 아니라 제가 깜짝 놀랄 만큼 빛이 나는 아주 밝은 얼굴이었답니다. 이제 시작 단계인 엄마는 불보살님 가피라는 생각은 못하시겠지만 저는 곧바로 불보살님 가피라는 것을 알아챘습니다.

제 소원표 4번이 엄마가 아프지 않고 지장경 열심히 읽게 해달라는 것인데 덧붙여 럭키체인 만드는 무량대복까지 짓도록 가피를 듬뿍 주신 불보살님께 감사드립니다. 또한 큰스님께서 엄마 허리를 만져주시며 '빨리 나으라'는 명령을 내리셨으니 수술 없이 곧 엄마 척추협착증이 완쾌되어 통증 없는 행복한 나날을 보내시리라 믿습니다.

두 번째 불보살님 가피는 여동생에게 내려졌습니다.

제 동생은 남편이 실직으로 3년째 구직을 하고 있어 마트에서 비정규직으로 일하는 동생 월급으로 근근이 생활하고 있지요. 그동안에도 동생 부부는 10여 년 이상을 전북과 경기도에 떨어져 주말부부로 지냈으니, 재산을 많이 버린 것뿐 아니라 마음 고생도 심하게 했습니다. 얼마 전에는 친하게 지내던 지인에게 배신을 당해 부부가 이혼 직전까지 가기도 했지요.

제가 지장기도를 시작한 후 동생에게도 지장기도를 권했는데, 언니가 권하니까 마지못해 읽어 한 달 동안 두 번 독경을 마쳤다는 얘기를 들었습니다. 그런데 한 달 동안 지장경 두 번 독경했을 뿐인 제 동생에게 엄청난 불보살님의 가피가 내려졌습니다.

남편이 더 이상 실직자로 지낼 수 없어 일을 찾다가 하루 16시간씩 일하면서도 월급은 그리 많지 않은 힘든 일을 시작하려고 이력서까지 제출했는데, 사촌형이 찾아와 본인 사업을 도와달라며 간곡히 부탁을 하더라는 것입니다. 이쪽에서 부탁을 넣어도 될까 말까한데 찾아와서 간곡히 부탁을 하다니…

### 소원표대로 전 가족들이 다 읽게 된 지장경

해야 할 일도 몸 쓰는 힘든 일이 아니라 사무실에서 경리와 직원 관리하는 것이라는 얘기를 들었을 때 저는 숨을 제대로 쉴 수가 없을 정도였습니다. 마침 큰스님 친견까지 한 동생도 느끼는 것이 많았는지 다음날 아침 목욕재계까지 하면서 지장경 열심히 읽겠다는 말을 하는데 정말 마음이 울컥했습니다. 동생 남편은 내일부터 출근한다고 하네요.

제 소원표 9번이 동생 정규직과 제부의 취직, 동생의 지장경 열심히 읽기인데 소원이 이루어진 것 같습니다. 엄마는 최고의 어버이날 선물이라며 너무너무 기뻐하십니다. 동생 정규직도 기도 열심히 하면 된다고 스님께서 말씀해 주셨는데 오히려 동생은 제게, "언니 나 정규직 안 돼도 괜찮아, 안 된다면 시간 좀 많은 직장 잡아서 지장경 읽고 럭키체인도 열심히 만들래"라며 다음 달 휴무 때도 또 논산 절에 가자는 말로 저를 감동시켰습니다.

세 번째 불보살님 가피는 나머지 친정 동생들에게 내려졌습니다.

제 소원표 8번이 친정 식구 모두 불법에 귀의하기인데, 그동안 제가 기도하는 것에 대해 부정적이던 남동생과 여동생, 올케까지 제부가 좋은 직장 얻는 것을 보며 깨달은 바가 있는지 제가 사준 지장경을 읽어보겠다 말하고 남동생은 지장경을 회사 사장에게 전하는 기적이 일어났습니다.

특히 제 막내 여동생은 종교에 굉장히 배타적인 아이인데 한순간에 마음이 돌아섰지요. 이것은 불보살님의 가피가 아니면 도저히 불가능한 일이었습니다. 그동안 기도를 하며 제 간절한 소원이 이루어지지 않아 조금의 실망감을 느끼기도 했지요. 하지만 가장 좋은 시점에 가장 좋은 곳으로 보내시려는 불보살님의 뜻이겠거니 생각하며 열심히 기도하였더니 이렇게 좋은 소식이 들려오네요.

아마도 불보살님 보시기에는 제 첫 번째 소원보다 4번, 8번, 9번 소원이 더 빨리 이루어져야 하는 소원이었던 것 같습니다. 제 첫 번째 소원도 조만간 꼭 이루어질 것이라고 큰스님께서 말씀해 주셨으니 의심치 않고 열심히 딸과 합심기도 이어가겠습니다. 스님을 만난 것이 제게는 무량대복입니다.
큰스님! 감사합니다. 사랑합니다.

2019. 03. 20. / 1876

# 10대 소원표 중
# 4번째 이루어지다

"정말잘돼! 할 수 있어!" 늘 외치면서 하루를 시작합니다.

2월 미얀마 성지순례 후 첫 번째 가피로 10대 소원표 중 4번째 소원인 부산 해운대집이 팔렸습니다. 미얀마 사원에서 천도재를 한 그날 저녁 제 짝꿍(덕산)은 꿈속에 시체가 주렁주렁 매달려 있는 꿈을 꾸었고, 저(자비화)는 수세식 변기통에 똥을 줄줄 흘리면서 다니는 꿈을 꿨지요.

미얀마 성지순례 여행사비가 500만원 지출되었는데, 성지순례 4박 6일 끝내고 한국 도착 그 다음날 덕산(자비화 짝꿍) 법우님 통장에 고스란히 500만원이 입금되었습니다. 법우님 하시는 일이 부처님의 가피를 받았지요. 이틀 후, 4월 11~15일 예정된 중국 성지순례비도 미리 250만원 벌었답니다. 2월에도 부처님의 가피로 750만원 벌어서 부처님께 꽃공양/ 쌀공양/ 향공양 감사공양 올렸습니다.

제주도량 3월 15일 금요일에 자비화랑 짝꿍(덕산)/ 보광명 법우님/ 훈정 법우님이 저녁에 도착했지요. 신광법사님께서 행사 전날 도착한 법우님들과 함께 관세음보살정근을 두 시간 독경하였습니다. 그날 저녁 제 짝꿍 꿈속에서 동그란 스텐그릇 세 군데에 맑은 물을 담아 보였고 큰 스텐그릇에 맑은 물 담긴 것이 눈앞에 보였답니다. 뭔지는 모르지만 느낌이 좋았답니다.

사실 저의 10대 소원표 4번째인 부산 해운대집 매도입니다. 4개월 전에 부산 해운대 집 팔려고 내놓았는데 아직 소식이 없었습니다. 월요일 새벽에 김포행 비행기를 타면서 부산 해운대집이나 팔리면 좋겠다, 중얼중얼 소원을 짝꿍(덕산)에게 말했지요.

그런데 오늘 수요일 열심히 아르바이트 중 5시쯤 부산 부동산에서 전화 한 통 ~ 계약자가 계약금 입금한다고 통장번호 보내라고 합니다. 카아악 ~~~이게 뭔 일이고!! 혼잣말로 "정말 잘돼!!~~~할 수 있어!!"ㅎ 스타벅스 커피숍에서 제 짝꿍이랑 계약금 들어온다는 소식에, 서로 두 손을 잡고 "지장보살 지장보살 지장보살~~" 10분 뒤 계약금 입금했다는 문자가 울렸습니다.

이번 주 일요일 계약하러 부산 내려갑니다.
참 신기하고 신기합니다.
더욱 더 큰스님♡말씀을 믿고 따르며 복덕과 지혜의 복밭에 씨를 계속 뿌리려고 다시 한 번 더 다짐합니다.

자비화의 1순위 소원은 아직 이루어지지 않았지만 좋은 날 좋은 시점에 주실 거라 믿고 수행 정진하겠습니다. 늦은 시간에 감사공양금 성의껏 올리려고 계획을 잡아봅니다. ㅎ

2018. 05. 22. / 1496

# 신용등급도 올린
# 지장기도

큰스님 알고 지장기도를 시작한 지 4년이 지나고 올해 10월 이면 5년을 채웁니다. 그동안 몇 번 글을 올렸는데 그때는 모두가 저희 가족에 대한 소원이 이루어지는 얘기였지요. 오늘은 좀 창피하지만 저의 이야기를 올립니다.

개인회생을 신청해서 작년 6월에 5년 빚상환을 끝내고 8월에 복권 선고를 받았습니다. 그러다보니 제 신용등급이 7등급으로 카드도 발급 안 되는 상태였습니다. (남편 사업에 보증을 서서 사업 실패로 집을 경매로 날리다 보니 신용불량자가 된 상태) 어떻게 하면 신용등급을 올릴까 인터넷에 검색해보면 공과금 등을 성실히 납부했다는 것도 증명서로 제출해서 신용을 차곡차곡 쌓아야 한다고…

그런데 4월 중순경 자영업자 자금 대출 소식에 용기내어 은행문을 두드렸는데 신용조회를 해보니 개인회생에서 끝난 줄 알았던 신용기금 보증 내용 등이 아직도 연체로 남아 있었습니다. 5등급 이상 대출이 된다고 실망해 돌아오면서 연체내역을 사진으로 찍어왔지요. 3곳의 금융기관의 연체내역이 그대로 남아 있어서 각 기관마다 죄송스러운 마음으로 전화해서 상황을 설명했습니다.

그런데 그곳에서는 당연히 없어져야 할 내용이라면서 수일 내로 삭제해 준다며 만약 삭제되지 않았다면 다시 전화 달라고 아주 친절하게 답변을 주셔서 너무나 감사했습니다. 10일 정도 지나 4월 29일을 기점으로 모두 삭제된 내용이 앱에서 확인할 수 있었지요. 그런데 5월 2일 놀랍게도 제 신용등급이 5등급으로 올라가 있었습니다.

10일 만에 그렇게 올라가기 어려운 신용등급이 2단계나 껑충.~~ 이럴 수 있나 싶으면서도 지장보살님의 가피가 두루두루 미친다는 생각에 은행 담당자에게 문자했더니 서류 가지고 다시 와보라고 하셨어요. 5월 2일 상담결과 대출이 된다고 그러면서 "한도가 좀 작아요" 하기에 속으로 오백만 원이나 천만 원 정도 생각하면서 괜찮다고 답변 드렸더니 담당자 왈 "삼천만

원이 된다"며 담당기관에 확약서 받아오라고 하시네요.

5월 자금은 오늘 마감될 수도 있다고 빨리 갖다 오라는 말에 정말 총알같이 택시 타고 담당기관에 가서 서류 작성하고 삼천만원 확약서 받는데 신용등급이 다시 4등급으로 올라 기재되었어요. 정말 아슬아슬하게 5월 자금을 마지막으로 배정받으면서 ~~~ 3일 은행가서 서류작성하고 바로 4일 대출금액 입금 받고, 카드도 한도 빵빵하게 발급받았어요.

보통 사람들은 대출받는 게 뭐 그리 좋은 일이고, 누구나 다 갖고 있는 카드 발급에 뭐 그리 요란스럽냐 하시겠지만 지난 5년 동안 딸 카드 사용하면서 더구나 제 영업하는데 경비 인정도 못 받는 불편함과 자금의 여유가 없다보니 눈에 보이는 돈도 잡지 못하는 안타까움이.ㅠㅠ 정말 눈물 나게 그렇게 좋을 수가 없었어요. "지장보살님 감사합니다"하며 저절로 합장하고 고개 숙였지요.

대출받은 3천만 원 중 천만 원은 비상경비로, 나머지 2천만 원은 종자돈으로 할 예정입니다. 제 주업은 부동산인데 가계약을 하면 지장보살님 전에 공양올리고 본계약하게 되면 또 공양 올리고 잔금해서 수입이 생기면 또 공양올리고~~~ 낮에 부동산 영업하면서 저녁에는 강의도 열심히 듣고.~~~

지장보살님께 그냥 저 "대박 나게 해주세요!"가 아니고 저 오늘도 이렇게 열심히 노력하고 있습니다. 내일은 어떤 건의 일이 있습니다. 그걸 위하여 이렇게 노력했습니다. 나머지는 이제 지장보살님이 도와주세요. 도와주시고, 구해주시고, 살려주시고, 이뤄주세요.

저처럼 신용이 나빠서 힘드신 분들도 아마 계실 거예요. 그런데 기도 5년차가 다가오니 이렇게 좋은 일이 생기잖아요.

제가 1년에 3번 정도 봉정암에도 가지만 남들 금강경, 다니 기도할 때 부처님께 "용서해주세요" 양해 구하며 저는 지장경 기도했지요.(방법이 맞는지 모르지만). 저 역시 죽을 만큼 힘들어서 포기하고도 싶었고 원망도 생겼지만 꾸준히 오로지 지장기도만 열심히 합니다. 그 결과 아직 갈 길은 멀지만 그래도 요즘은 조금 살맛나게끔 계약도 잘되고 돈도 들어오고, 그렇다고 기도 게을리 하지 않겠습니다.

논산 본찰에 한 달에 한 번 정도는 철야기도 가는 서원을 다시 세우면서 더더욱 정진하겠습니다. 큰 스님 저 열심히 노력하여 존경받는 재벌 되겠습니다. 명령 내려 주세요.

2018.5.22. 부처님 오신 날 맞이해 감사의 글 올립니다.

2019. 02. 05. / 18:31

# 나홀로 고독한 싸움

어제는(3일 새벽 5시 20분부터 다음날인 4일 새벽 5시 20분까지) 자신과의 혹독한 싸움을 했습니다. 24시간 동안 지장경 25독을 끝내겠다는 결심으로 승부를 걸고 철저한 시간 계산을 마친 후 지장보살님 전에 앉았습니다.

화장실 가고 먹는 시간까지 아껴야 했으므로 1독 마치고 삼배로 허리운동 하고 다시 독경 시작. 또 삼배로 1독 마치고 다시 시작하기를 거듭하는 동안 저녁 6시 되도록 화장실엔 한 번 다녀왔고, 먹는 것 마시는 것은 일체 생각할 수도 없었지요. 배고픔은 이길 수 있었지만… 입이 말라 소리가 안 나올 때는 물 한 잔 마시고 할까? 졸리고 눈도 아픈데 커피 한 잔 할까? 하는 끊임없는 갈등이 있었습니다.

　마지막 두 독을 남기고서는 여기저기 온 몸이 아파서 정말 포기하고 싶었지만… 버티자! 해내자! 이대로 물러서면 올 한 해 해야 할 숙제들이 많은데 포기할 수 없지 않은가! 자신을 다독이고 불보살님께 의지하면서 힘을 낼 수 있었습니다. 그리고 새벽 4시 58분 25독을 완독하고 원만히 회향 하였습니다.

### 올 한 해 해결 할 숙제

　첫째, 사상 최악의 경제위기로 판매가 급격히 떨어지는 사무실 문제를 어떻게 해결할까? 손 놓고 있을 수가 없고 달리 방법을 찾지 못하니, 무조건 불보살님께 의지하고 간절히 기도했습니다. 둘째, 화경의 필요성과 포교 문제. 2월 4일은 법안스님을 뵙게 된 지 645일이 되는 날입니다. 2017년 5월 1일 법안스님 첫 친견이 있던 그 날은 정말 큰 행운의 날이었다고 회상합니다. 불교에 대한 주변지식이 거의 없었던 제가 법안스님 법문 열심히 듣고 공부한 덕분에 지금은 그나마 불교를 오래 공부한 법우들과도 자연스런 대화를 이어가는 수준이 되었습니다.

　불교 신앙을 시작하면서 처음에는 부처님을 믿는 분들이라면 인자하고, 남을 배려하고, 자비심이 많은 줄 알았습니다. 주변에도 그런 분들이 더러 있기도 했지만, 실제 내면에는 나와 전혀 상관없이 이러쿵저러쿵 잡음 또한 많은 곳이 법문을 듣는 법당이라는 사실에 놀랐지요. 나만 열심히 봉사하면 되는 줄 알았는데, 그것 또한 잘못된 것이라고 알았을 때 또 한 번 놀랐습니다.

이러한 일들이 포교하는 데 걸림돌이 된다는 생각에 이것 또한 불보살님께서 원만히 해결할 수 있는 지혜를 주시리라 믿고 기도했습니다. 법안스님께서는 그 이유들을 이미 아시고 법문하실 때마다 매번 '화경'을 강조해서 말씀하셨구나… 하는 생각에 새삼 저 자신이 부끄럽습니다. 셋째, 3월 17일 4.3 영산대재 행사. 2018년에 치렀던 행사가 처음 치른 행사치곤 나름대로 잘했다는 반응들이 나왔기 때문에 두 번째 행사에 부담을 느끼는 것은 당연한 일이 아닐 수 없습니다. 더 잘해야 한다는 부담감이랄까요… 그래서 불보살님께 도와주시라고 기도했습니다. 넷째, 6월 10일~12일까지 제주에서는 처음 열리는 세계불교도우의회와 불교대학 컨퍼런스 행사를 원만하게 치를 수 있게 도와주시라고 기도했습니다. 불보살님들의 위대한 위신력으로 모든 숙제들이 원만하게 해결되리라 믿으며 가벼운 마음으로 회향을 하였습니다.

2017. 12. 08. / 1352

# 걱정 말고 기도하라

　서울 법당에서 '정말 잘돼!' 액자를 법안 큰스님께 받은 지도 벌써 3년이 넘었습니다. 처음 이 액자를 개포동 서울법당에서 받았을 당시에는 앞이 캄캄했습니다. 어떻게 이 고비를 넘겨야 하나~ 남편 사무실 문제가 언제 해결될지 기약이 없었지요.

　뇌종양 수술한 지 1년째. 이렇게 신경을 쓰면 머리 수술한 부위가 재발될까 봐 막막했습니다. 무엇보다도 제 건강이 걱정되고 무서웠습니다. 어디 절로 들어가서 수양을 해야 되나 하는 생각과 갈등, 번뇌들이 수없이 저를 괴롭혔지요. 딸은 로스쿨 2학년이니 여기서 모든 걸 포기하고 산으로 절로 요양을 갈 수도 없고….

그러던 중 친구 어머니 49재를 서울법당에서 지내게 돼서 참석을 했습니다. 그날 법안 큰스님께서 저를 보시더니 지장경을 읽으라고 하셨지요. 잘못하면 머리 수술한 곳이 재발하고, 또 수술할 수 있으니 방생수복을 많이 해야 된다고 하셨습니다. 스님과의 친견 후 지장경을 받아가지고 새벽부터 21일간 기도에 들어갔습니다.

매일 돈을 봉투에 만원씩 넣어가며 21일기도 회향 봉투에 모인 21만 원을 갖고 서울법당으로 가서 21일기도 회향을 마쳤습니다. 남편이 공동으로 쓰는 사무실 문제를 해결하고 서초동 개인사무실로 나오게 되었지요. 새벽에 일어나 죽기 살기로 매달렸던 지장경 기도 덕분에 어려운 사무실문제가 해결되면서 수술후유증도 없어지고 몸도 점점 좋아지고 있습니다.

딸은 로스쿨에서 장학금 받으면서 좋은 성적 유지하고, 남편의 어려운 문제들이 풀리자 저는 저대로 건강이 회복되며 어느덧 2년 세월이 흘렀습니다. 2017년도 들어서 조금씩 숨통이 트이고 제가 웃을 수 있게 되었지요. 돈으로 시련을 겪는 어려운 팔자가 있는 모양입니다. 그 많은 돈들 아까운 돈들 제대로 써 보지도 못한 돈들이 다 사라져 버렸으니…

오로지 지장경을 들고 다니면서 주말이면 명산대찰로 논산 안심정사로 다니면서 지장경 108배기도 정진하다가, 안심카페와 인연도 이어지며 법우들이 올린 글을 읽으면서 많은 위안을 받았습니다. 부처님! 지장보살님! 꾸준한 저의 기도 살펴주시어 얼마나 감사한지 모르겠습니다.

법안 큰스님 저에게 힘을 주시고 언제든 법회 때 뵐 때마다 악수해 주신 그 마음이 제겐 큰 힘이 되었습니다.
정말 감사합니다.

2018. 11. 12. / 1714

# 지장경과 소원표의
# 기이한 기운

아르바이트 마치고 가는 지하철 안에서 잠시 지친 몸을 쉬며 글 올립니다. 새로운 일을 시작하니 재미도 있고 시간도 빨리 가네요.^^

인시기도 중 기이한 일이 일어났어요. 지장경을 독경하고 있는데 책 테두리에서 안개 같은 것이 모락모락 아지랑이처럼 피어나더라고요. 저는 눈이 잘못됐나 싶어 눈을 부비고 다시 보았죠. 헌데 똑같이 아니 더 많이 아지랑이가 피어나 책상을 다 덮었어요.

저는 그냥 계속 독경하며 내려갔죠. 기이한 안개 비슷한 것에 신경을 쓰며 한참동안 독경하고 있는데 경전 안에서 전자파 같은 기운이 지직 지직(소리는 나지 않았답니다) 약간 지그재그로 피어오르네요. 마치 꿈결같이, 그런데 꿈은 아니에요. 하나도 졸리지 않았거든요.

독경을 마치고도 계속 모락모락…
전 소원표를 읽으려다 보니 소원표에도 아지랑이가 모락모라 열기도 뜨거웠어요. 소원표 읽기를 마치고도 오랫동안 여운이 남아 있는데 행복했어요. 더 행복감을 느끼고 싶었으나 알바를 가야해서 아쉬움은 뒤로 한 채ㅠㅠ

저는 기도를 시작할 때나 끝날 때 삼귀의를 하는데 항상 부처님과 스님이 나투시는데 오늘은 포대화상이 웃으시며 나투시더라고요. 그리고 소원표에서는 글자 사이사이 빈 공간으로 관세음보살님 형상이 나투시고요. 설마 하고 눈을 비비고 다시 보았는데 똑같이 관세음보살님 형상을 하고 계셨어요.
어제 스님께서 하신 법문을 듣고 많은 반성을 했어요. 저는 그냥 기도문도 건성으로 읽고, 독경은 1시간 반 걸려서 빨리 읽으려 건성 건성하고 소원도 간절함이 없는 것을 깨닫고 잘못을 참회 했어요.
오늘 아침 스님이 독경하시는 것을 흉내 내며 정성스럽게 독경해서 스님 기운을 받아서인가, 저는 스님들께서 하시는 독경 소리나 음률이 참 좋아서 똑같이 따라하고 싶어서 요즘은 집에서나 길을 걸을 때 독경을 듣고 다니거든요.

이 모든 것이 제 기도가 잘못됨을 마음 깊이 참회하고, 다시 재정비하여 믿음이 몇 배나 굳건해지고 진실절원으로 원하고 지극한 정성심에 감응을 하신 게 아닌가 싶습니다.^^

부처님 감사합니다. 스님 정말 정말 감사합니다.
늘 응원과 격려와 걱정을 해주시는 범우님들 대단히 감사합니다.

2018. 07. 01. / 1555

## 발등에 불~
## 산신기도 입재

오랜만에 논산 안심정사 토요철야기도 동참했답니다.

일 마치고 볼일 보다보니 늦게 철야 12시부 참석. 논산법당만 오면 정신 못 차립니다. 아직도 안심정사 스님들 법명을 다 모르니 말이죠.

논산법당 번지수 1098번지 오늘은 지장재일 음력 5월 18일 번지수 합이 우연히도 1+0+9+8=18입니다. 서울법당 또한 1188번지 합이 18입니다. 법우님들 미어터집니다. 큰스님 어서 빨리 법당자리 알아봐야 될 것 같어유.~~~

이 글 쓰는 이유는 다름 아닌 어제 마지막 타임 12시 30분

~3시 30분까지 산신기도 대박이었답니다. 갈수록 업그레이드 되는 가피력입니다. 관세음보살 모퉁이에 선 백호산신님이 한층 더 위엄 있는 모습으로 턱수염도 길고 덥수룩. 큰스님 빈자리까지 올라오시고 지장보살님은 방긋방긋 미소 짓고 문수보살님 역시 미소지혜보살.

집전하시는 키 큰 해명 스님께서는 법우님들 한분한분 앞에서 직접 목탁기도 염불해 주셔서 감탄사가 절로절로 눈물까지 나왔답니다. 환희로운 광경이었지요. 약사여래불 앞 초들은 전부 다 돈다발로 잇고 안심법당에 발만 디뎌도 재벌 될 것임이 틀림없습니다. 법우님들마다 복 받고 좋은 일들만이 와르르 쏟아지겠죠.

그동안 법력 높으신 큰스님께서 복 지어둔 곳에 저를 포함 법우님들이 온 것이지요. 맑은 정신으로 염불기도 높으신 석가모니 부처님 도우소서. 안심법우님들. 안심법당이 최고가는 사찰 되기를 발원해봅니다. 또한 보리심의 특급소원 빠질 수 없지요. 즉시 가피 주시기를 다시 한 번 간절히 합장합니다.

선연과의 인연 만나기 어렵고 어려우나 서로 배려하고 사랑하며 복 지어가는 제대로 된 사찰, 정법사찰. 정말 만나기 힘듭니다. 돌고 돌아온 시간들. 법안 큰스님께서는 덕 높으시고 팔관재계를 정확히 지키시니 법우들 가피가 빠른 것이겠지요. 보리심 법우는 산신님 덕분에 안락을 찾고 부처님 덕분에 가화만사성 극락가정 이루고 가족화합 이뤄지고 이제 재벌만 되면 불사 팍팍팍… 그러니 당연히 올려야지요.

법안 스님 감사합니다.
각각 자리에서 봉사하시는 법우님들 더없이 감사드립니다.

2019. 02. 22. / 1850

# 법안스님 덕분에
# 희망이 생겨

저는 60대 가정주부입니다.

절에 다니기 시작한 지도 14~15년 정도 되어 기도도 나름 열심히 해보고 천도재도 지내고 불사도 하면서 지내왔습니다. 그러던 중 약 1년여 전부터 제 신앙생활에 회의가 들기 시작했습니다.

부처님의 가피가 때론 있기도 한 것 같고 때론 없는 것 같기도 했지요. 문득 든 생각이 절에 다니기 전후의 경제적인 상황은 별로 나아진 것도 없고, 그렇다고 불심이 확고히 깊어진 것도 아니라는 생각이 들자 제가 정말 부처님을 믿고 있기나 한 건가? 가식적인 믿음은 아닐까? 왜 나는 기도의 성취에 대한 확신이 없을까? 등등… 길을 잃고 이 절로 저 절로 헤매다가 1년 전부터 절에도 나가질 않고 집에서 그럭저럭 기도하면서 지내왔지요.

그러다가 두 달여 전에 안심정사 카페를 접하게 되어 법안 스님의 〈걱정 말고 기도하라〉 책도 읽고, 법문도 듣고, 동영상도 보면서 제가 평소에 생각해왔던 문제들에 대하여 답을 깨우쳐 가고 있습니다. 아! 스님께서 저의 문제를 정확히 집어 주시는구나! 정말 스님 말씀이 맞는구나! 공감하고 알아가면서 스님 법문처럼 기도 정진하고 보시하며 봉사하면 되겠구나! 하고 희망이 생겼습니다.

"업이 무거운 자는 존경심을 내지 못한다는 지장경의 부처님 말씀처럼 저는 참으로 업이 무거웠구나"라는 생각에 미치면서 이제라도 열심히 정진해서 닦고 또 닦아야겠구나! 그러면 법안 스님의 말씀처럼 "된다. 정말 잘 된다. 할 수 있다"라는 자신감이 생겼습니다. 스님의 말씀에 힘입어 열심히 기도하려고 인시 기도한 지 약 한 달 되었습니다.

처음엔 비몽사몽 일어나기도 힘들었는데 이제는 지장경 글귀가 조금씩이라도 마음에 와 닿는 것을 보면 다행이다 싶습니다.

그리고 남편에게도 기도를 권했더니 곧 같이 하기로 약속했습니다. 다 법안스님 덕분이고 안심정사 카페 덕분이며 법우님들 덕분입니다. 이렇게 글을 남기면 3년 목표 열심히 기도 정진하는 데 조금이라도 채찍이 될 거 같아 남기게 되었습니다.

두서없는 글 읽어주신 법우님들 감사합니다!

법안스님! 정말로 감사드립니다!

'나는 착하게 사는데 왜 이렇게 못살죠?'라고 묻는 사람은 대개 착하게 사는 사람이 아니라 멍청하게 사는 사람이에요. 그저 자기 혼자 착하다고 착각하면서 사는 것이니까요. 스스로 착하다고 말하는 사람은 착한 사람이 아닙니다. 남들이 착하다고 알아줘야 진짜 착한 사람인 거죠.

선인은 다음 생으로 넘어가야 비로소 선과로 돌아옵니다. 1년 동안 착한 일을 해도 좋은 결과가 안 나올 수 있지만, 10년, 20년 꾸준히 착한 일을 해 나가면 어느 순간 복이 깃들기 시작하지요.

악인악과도 마찬가지예요. 악한 짓을 하고서도 잘사는 것처럼 보이는 사람들이 있지만, 그 씨앗이 싹트고 자라서 익으면 결국 악과로 돌아옵니다. 또한 악한 일을 하면 지금 당장도 괴로워요. 낯 두꺼운 사람이 설령 괴롭지 않은 척해도 밤에는 악몽에 시달리지요. 이것을 '악인고과惡因苦果', 즉 '악한 일을 하면 괴롭다'는 말로 표현합니다.

석법안 스님의 〈걱정말고 기도하라〉 中에서…

제3장

# 부처님 가피

- 스물다섯에 고백하는 부처님 가피
- 중·고등학교 6년을 안심정사와
- 유튜브로 보던 저도 됩니다
- 방생법회 후 입은 가피
- 부처님 감사합니다
- 경전 말씀은 한 치 틀림없어
- 부처님 가피는 정말 정확
- 부처님께서 살려주신 날
- 2017년 한강수륙재 행사 날
- 한강수륙재 방생 가피
- 인시 지장경 기도의 영험

2018. 06. 16. / 1535

# 스물다섯에 고백하는
# 부처님 가피

허약한 몸으로 지장경 염불하며 도전하는 새벽기도

실기시험 도중 무의식적으로 독송한 지장경의 가피

어머니도 지장기도 하게 해달라는 소원표

채식주의자로 살기 힘든 나라지만 희망이 보여

안심정사 카페에 처음 글을 올리는 스물다섯 여자 신도입니다. 가입한 지 얼마 되지 않아 부처님의 가피 글을 올리게 되니 기쁜 마음입니다. 어디서부터 어떻게 써야 할지 잘 모르겠지만 그래도 열심히 써보겠습니다.

전 고등학교 때 몸 상태가 악화되어 자퇴를 했습니다. 하지만 대학병원 여러 곳에서 많은 검사를 해보아도 너무나 건강한 20대 신체라는 결과가 나왔습니다. 소화불량과 두통으로 한의원도 많이 다녀보았지만 진전은 크게 없었고, 그럴 때마다 원인도 해결방법도 모르는 제 몸 상태에 많이 답답했습니다.

그러다 어머니가 다니시던 절에 가게 되었고 그 이후로 저는 점점 자주 절에 다니게 되었지요. 저희 집엔 지장경이 늘 있었으나 처음엔 지장경이 눈에 들어오지 않았습니다. 얼마 후 백중기도 때 음식을 가리며 지장기도를 시작하게 되면서 지장경을 조금씩 읽었습니다. 몇 년 흐른 요즘. 방생 신청한 지 3개월이 넘어가고 재수불공 그리고 합동천도재를 지냈습니다.

### 허약한 몸으로 지장경 염불하며 도전하는 새벽기도

여기서 잠깐!

합동천도재 후 저의 어머니가 매일같이 하시던 구역질이 사라졌습니다. 법안스님의 지장경 법문을 시간 날 때마다 듣고, 거의 매일같이 지장경 독경을 하고 있지요. 아주 작지만 공양을 올리며 기도하고, 안심정사에 한 번 봉서사에 한 번 회향을 했습니다.

첫 번째 회향 땐, 동생의 유학 입시가 성공적이었을 때입니다. 저의 소원문대로 원하던 나라 원하던 학교에 합격하게 되었지요. 잠들기 전엔 아주 작은 소리로 지장보살 염불을 틀어놓고 잡니다. 새벽에 잠시 깰 땐 자연스레 지장보살을 속으로 염불하다 잘 수 있도록 말입니다.

시간적으로나 체력적으로 지장경 독경이 어렵다 싶을 땐 한 품이라도 읽으려고 노력하고 지장보살 염불은 꼭 빼놓지 않고 1080번을 합니다. 조금씩 꾸준히 해나가면 저도 언젠가 새벽기도를 할 수 있을 거라 믿고, 또 그렇게 하고 싶어서 소원문에도 적었습니다.

부처님 가피는 동생의 유학입시뿐만이 아니었습니다. 건강을 아직 다 회복하지 못한 제게 삼촌께선 건축도장기능사 자격증을 따보면 어떻겠냐고 제안하셨습니다. 단 하루 학원에 나가 실기 연습을 하고, 실기 시험 100%로 시험을 본다는 말에 도전해볼 만하다 싶었지요.

실기 연습 전, 인터넷으로 강의만 듣고 머릿속으로만 공부하느라 걱정이 많이 되었습니다. 학원에 나가서 예습한 것을 직접 해볼 때는 역시나 머릿속과 다르게 어려웠고, 실기연습 한 후 마음이 편해진 것도 있지만 불안한 마음도 동시에 생겼습니다.

세상에 쉬운 일은 없지만, 제가 너무 얕본 것 같았습니다. 시험 보기 전 날까지 인터넷 강의를 다시 보고 직접 종이에 연습해 보기도 했습니다. 시험 전 날은 잠이 오지 않았지요. 잠이 안 오던 밤엔 지장보살님을 외치기도 하고 염불하기도 하며, 잠을 잤는지 안 잤는지 모른 상태에서 시험을 보러 갔습니다.

### 실기시험 도중 무의식적으로 독송한 지장경의 가피

한 번 실수하면 실격처리를 받고, 실격처리를 받으면 그 자리에서 집으로 가야 하는 시험이라 처음 본 사람보다 두 번, 세 번째 보는 사람들이 더 많았지요. 시험이 시작되자 저는 일부러 다른 사람들보다 느리게 천천히 시작하였고 실기시험을 보는 중 무의식적으로 지장경의 구절들을 속으로 읽고 있었습니다.

지장경을 보고 있지 않은 상태에서, 그것도 중요한 시험 중에 지장경의 구절들을 저도 모르게 외우고 있다는 사실에 놀랐습니다. 그리고 아마도 합격할 것 같은 확신이 점점 들었습니다. 순서대로는 아니더라도 계속해서 매일같이 읽었던 지장경의 한 구절 한 구절들이 생각났습니다.

시험시간이 7시간이라 체력적으로도 힘들고 집중력도 많이 흐려지곤 했지만 난 지장보살님과 부처님의 빽이 있다는 생각은 놓지 않았습니다. 점심시간 20분간, 사람들과 이야기하면 실격이라 모두 침묵 속에서 점심을 먹는데 저는 속으로 지장보살을 끊임없이 염불했습니다. 2주 후 오늘 저는 아침에 합격소식을 받았습니다. 시험 볼 때 지장경 구절들이 생각나고 지장보살 염불을 해야겠다는 생각이 드는 것, 그리고 합격을 한 것은 부처님의 가피가 분명히 함께했다고 생각합니다.

지금의 제 체력으로선 7시간 동안 서서 실기를 하는 것이 무리이기도 해서 가족들도 많이 걱정했었습니다. 한 번 시험접수비가 7~8만원 사이라 부담이 되기도 했지만 전 원-샷!에 붙었습니다. 노력에 비하면 정말 부처님의 가피로 국가자격증을 갖게 되었습니다.

합격소식에 카페에다 글을 올려야겠다고 다짐하고, 제게 자격증 제안을 해주신 삼촌께 옷 한 벌을 선물해드렸습니다. 합격한 제가 선물을 받는 것보다 더 기분 좋은 선물이었습니다.
저뿐만이 아니라 아버지께도 좋은 일이 생겼습니다. 아파트 청약에 당첨되셨습니다. 몇 달 전, 아버지는 제게 자동차를 사주려고 처음엔 중고차를 알아보셨는데, 갑자기 제게 새 차를 사주셔서 얼떨결에 첫 차를 갖게 되었습니다. 아직까지 제대로 된 직장을 가지지 못한 저임에도 불구하고 요즘 용돈을 주시는 분들도 많이 생겨나고 작은 일거리도 생겨 돈이 갑자기 생기기도 합니다.

몇 년 동안 어떤 영양가 있는 것들을 먹어도 혈색이 돌아오지 않고 살이 찌지 않았지만 전 요즘 살이 올라 주변 사람들로부터 예뻐졌다는 얘기를 많이 듣습니다. 정말 법안스님 말씀대로 전 화장품 값은 양심적으로 공양해야 합니다.

### 어머니도 지장기도 하게 해달라는 소원표

고여 있는 물이 다시 흐르는 것만 같은 요즘 갑자기 좋은 일들이 많이 생겨 기쁘지만, 이럴 때일수록 초심을 잃지 말고 기도의 길을 일방통행으로 쭉 가야 한다 다짐합니다. 왜냐하면 더 좋은 일이 생길 것이 분명하니까요. 아직 우리 집에선 저만 지장기도를 하고 어머니는 아직 하지 않으십니다.

제 소원문은 열 개에서 열다섯 개로 늘어나 있고(열다섯 개도 될까요..?) 소원문엔 우리 어머니 지장기도를 하게 해달라는 소원도 적었습니다.

하루는 어머니께 지장경 읽는 것이 힘들면 지장경 독송하는 mp3파일을 넣어줄 테니 들어보면 어떻겠냐고 했습니다. 어머니는 파일이 있는지 모르셨다며 흔쾌히 넣어 달라 하셨습니다. 그 후 어머니 꿈에선 손톱이 지저분하고 길게 자라 있었는데 단정하게 자르시는 꿈을 꾸셨다고 합니다.^

사실 전 지장경을 읽으면서도 무슨 뜻인지 잘 눈에 들어오지 않았습니다. 그러다 어느 날 금방 잊거나 달이 가고 해가 지나도 독송하지 못하는 것은 이 사람의 묵은 업장이 소멸되지 않아 대승경전을 독송할 성품이 없다는 구절이 눈에 들어왔을 때 기분이 좋지 않았습니다.

그러다 나의 업이 많구나, 기도를 더 많이 해야겠다 하고 나도 이 경전을 잊지 않고 잘 읽을 만한 성품이 되어야겠다는 생각이 들었습니다. 지금 이 글을 쓰면서도 기도를 통해 얼마나 많은 것들을 바뀌었나 다시금 생각하게 됩니다.

몇 년 전의 법안스님 모습을 볼 수 있는 지장경 법문을 다 들으면, 생활법문도 신해행증도 차근차근히 들어갈 예정입니다. 저번 법회에서 법안스님께서 말씀해주신 '튼튼한 신체, 그리고 Much wealth!' 정말 중요하다는 생각이 듭니다. 신체는 제가 한 번 아파보니 얼마나 중요한지 말로 표현하지 못하겠습니다.

하지만 기도만이 방법이다! 라고 생각하며 무조건 기도하다 보면 전 어느새 건강해져 있을 거라 믿습니다. 기도할 때면 나는 건강하다! 나는 이미 건강해졌다! 라고 생각하려고 노력합니다. 기도를 하면 할수록 확신이 생겨서 나는 분명 부를 누릴 거라는 생각이 든 후엔 '그럼 과연 그 부를 어떻게 다루어야할까?' 라는 고민이 생겼습니다.

저만을 위한 것이 아닌 좋은 일에 분명 쓰고 싶습니다. 불교를 위해 기여하는 것은 물론, 이 세상에 도움이 필요한 분들을 위해 꼭 나누고 싶습니다.^^ 아직 막연한 바람이지만요. 진심입니다.

### 채식주의자로 살기 힘든 나라지만 희망이 보여

서울에 살고 있는 저에게 유튜브로 방송해주심에 기쁘고 감사합니다. 제가 앞으로 바라는 점들이 있다면, 젊은 불교신자 친구들이 많이 늘어났으면 좋겠다는 점입니다. 또한 채식이 한국에서 쉽지 않다는 생각이 듭니다. 하지만 요즘 이태원이나 홍대 같은 곳에 채식레스토랑이 늘어나고 있음에 감사합니다. 심지어 그런 레스토랑에 손님이 아주 많다는 사실도 감사합니다.

　세계적으로 열풍인 채식이 이제 점점 한국에도 생기는 것인가 하는 생각이 듭니다. 한 유튜버가 외국에서 살다 한국에 오니 채식하기가 힘들다고 이야기하는 것을 듣기도 했지만, 앞으로 한국에도 맥도날드 메뉴에 채식주의자용 버거가 나오는 그 날이 올 거라 믿습니다.(버거가 몸에 좋진 않지만, 채식주의자용 메뉴가 어딜 가던 있길 바라는 뜻입니다.)

　인터넷 뉴스를 보거나 뉴스의 댓글을 보면 우리 사회가 많이 병들어있다는 것을 느끼곤 합니다. 부처님의 말씀대로 나부터 먼저 밝고 따뜻해져 우리 가족 더불어 우리 사회가 안정되고 따뜻한 말이 오가면 좋겠습니다. 작으면서도 큰 저의 바람들로 글을 마무리 짓겠습니다.

　잘 쓰지 못했지만 잘 쓰려고 노력한 저의 글을 읽어주셔서 감사합니다.
　부처님! 감사합니다. 지장보살님! 감사합니다. 법안스님! 감사합니다. 연수스님! 감사합니다.

2019. 02. 22. / 1851

# 중·고등학교 6년을 안심정사와

올해 대학교 새내기가 된 여학생입니다. 지금까지는 집인 창원과 가까운 부산법당을 다녔는데, 오늘 홀로 상경 후 처음으로 서울법당에 재수불공을 다녀오고 나니 감회가 새로워 이렇게 글을 써봅니다.

약 7년 전 어머니를 따라 부산의 절에 갔습니다. 어머니께서는 법안스님을 처음 뵙고 신난 얼굴로 제게 자랑을 했습니다. 하지만 저는 처음에는 법안스님을 잘 몰라서 법안스님이 누구시길래 어머니가 저렇게 좋아하는지 궁금했습니다.

어렸을 때부터 불교를 믿었지만 '불교' 하면 부처님께 최대한 절을 많이 하는 것, 절에서 많은 시간을 보내는 것이라고 생각했었습니다. 하지만 안심정사와 법안스님을 뵙고 난 후부터는, 이때까지 제가 알았던 불교가 우리의 일상생활에 다소 얕고 멀게 다가오고 있었다는 것을 깨달았습니다.

어머니가 집에서 지장경을 읽으시고 럭키체인을 꿰시는 것은 일상적인 일이 되었습니다. 저도 엄마의 권유로 처음 지장경을 읽을 때 한 자 한 자를 소리 내어 읽다보니 한 번을 읽는 데도 한 시간이 걸렸던 기억이 납니다. 그리고 저희 가족 모두가 감사할 때나, 막막할 때나 항상 지장보살을 외치게 되었습니다.

저는 학교 다니면서 매일 럭키체인과 지장경을 지니며 기도했고, 가끔은 새벽 4시에 일어나 인시기도를 하기도 했습니다.(너무 공부가 안될 때) 중학교 때는 처음으로 한복을 입고 육법공양을 하는데, 같이 하신 법우님께서 제게 "엄마한테 진짜 고마워해야 돼요.~"라는 말씀을 하셨습니다. 그때 저는 그 말을 잘 이해하지 못했던 것 같습니다.

하지만 무작정 엄마를 따라서 한 기도와 방생 덕분인지… 학창시절 6년 동안 제가 기대한 것보다 학업성적이 좋지 않고 갑자기 친구관계가 흐트러질 때마다 부처님의 신비로운 가피를 받을 수 있었지요. 실제로 저는 중학교 3년 동안 집에서 멀리 떨어져 있는 자사고를 희망했는데, 원서 접수 직전에 몇 점 차이로 집과 가까운 외고를 가게 되었습니다.

처음에는 그게 억울하고 아쉬웠지만, 꾸준히 기도를 해보니 결국 그게 부처님께서 제가 가장 필요할 때 제게 가장 필요한 것을 주셨다는 것을 알 수 있었습니다. 용두사미라는 말이 있듯이 저는 외고에서 높은 성적과 많은 수상실적을 쌓을 수 있었고, 비로소 법안스님의 후배가 되어 고려대학교 경영학과에 진학하게 되었습니다.

### 스무 살 대학생이 되고 보니
#### 엄마의 가족사랑 기도가 이해 돼

사실 서울대 중어중문학과에 떨어지고 고려대학교 경영학과를 가게 되었는데 이 또한 제가 최고로 잘할 수 있는 곳에 합격시켜 주신 부처님의 가피라고 생각합니다. 고등학교 시험 전날 너무 떨리는 마음에 안심정사에 글을 올렸는데 많은 법우님들께서 부모님과 같은 마음으로 저를 응원해 주시고 격려해 주신 것도 평생 기억에 남을 것 같습니다.

저는 지금까지 엄마가 절과 기도를 너무너무 좋아해서 열심히 하는 줄 알았습니다. 하지만 스무 살이라는 나이가 되고 보니 그동안 엄마가 졸릴 때도 지겨울 때도 있지만 그걸 이겨내고, 본인을 위한 기도 없이 가족을 위한 기도만을 해온 사실을 알았습니다.

이제는 제가 제 스스로 더 열심히 기도하고 엄마가 저를 위해 기도해 주신 것 이상으로 엄마를 위해 기도하고 싶습니다.

부처님! 감사합니다. 스님! 감사합니다. 엄마! 고맙습니다.

2019. 01. 22. / 1809

# 유튜브로 보던 저도 됩니다

저는 직업상 법당에 갈 수 없어 유튜브로만 스님 법문 듣습니다.

12월 10일 첫 번째 가피 주셨습니다. 매달 10일에 60만원이 넘게 나가던 돈이 12월부터 안 나가게 되는 기적 같은 일이 일어났습니다. 지금도 믿기지 않습니다. 불보살님 가피가 아니고선 있을 수 없는 일이지요.

그리고 1월에 또 가피 주셨습니다. 매달 15만원씩 어머니 요양비를 냈었는데 큰언니가 올해 1월부터 저는 내지 말라고 합니다. 대~박! 완전 어안이 벙벙합니다. 그리고 결정적으로 단기

소원 10일 만에 소원이 이루어졌습니다. 임대보증금 인상분과 이것저것 처리해야 했기에 1월 21일까지 오백만원이 필요했습니다.

급한 마음으로 1월 11일 처음으로 딸아이와 서울법당에 가서 재수불공드리고 큰스님도 처음으로 뵙고 사진도 찍고 화경액자도 받아 왔습니다. 소원표에 선덕 법우님께서 단기소원도 이루어 주신다는 가피담과 연화덕 법우님의 가피 글에서 '언제까지 주세요'를 보고, 저도 '19일까지 오백만원 융통해 주세요'를 했습니다만 안 이루어졌습니다.

급한 불부터 빨리 꺼야 했기에 20일 친구에게 백만 원 빌려 달라고 문자 보내고, 카페 들어가 집중산신기도 보면서도 입이 바짝바짝 마르고 가슴 졸이며 지장경소책자 주머니에 넣고 만지며 지장보살염불과 '도·구·살·이'하면서 긴장의 하루를 보냈지요.

저녁에 친구로부터 전화가 왔습니다. 집세 올려주려고 오백만원 대출받아 놓았는데 안 올려줘도 된다고 저보고 오백만원 빌려줄 테니 매달 갚으라고 합니다. 눈물이 나면서 가슴이 뜨거웠습니다. 얘기도 안 했는데 오백만원을 빌려준다고요. 와~우

어안이 벙벙했습니다. 필요한 금액을 알맞은 시기에 적절하게 주셨습니다.

저번에도 급할 때 대출해 준 친구라 전혀 기대없이 백만원 빌려 달라고 한 거였는데 꼭 필요한 돈을 빌려 주었습니다. 부처님법은 한 치의 오차도 없다고. 저는 와~ 라는 말밖에 안 나옵니다. 저는 스님 법문 열심히 듣고 또 듣고 하라는 대로 오계 지키고, '화경'으로 모든 사람을 공경 화합하고 겸손하자. '정말 잘돼 할수있어'를 되뇌이고 되뇌이며 즐겁게 생활하고 소원문 읽고 지장경 읽었는데 이런 불가사의한 일들을 저에게도 보여 주셨습니다.

법안스님의 위신력과 법우님들의 집중산신기도의 합심력으로 저에게도 이러한 좋은 일이 일어났습니다.

지장보살님! 감사합니다. 법안스님! 감사합니다
법안스님 법문 열심히 듣고 법우님들 따라쟁이 하겠습니다.

## 방생법회 후 입은 가피

초보불자였다가 나이롱불자로 전락한 입장이라 감히 글 올리는 게 부끄럽지만 부처님께 받은 가피를 꼭 알려드려야 할 것 같아서 써봅니다.

너무 힘들 때는 매주 금요일 눈치 보며 7시 칼퇴근해서 관음시식에라도 참여하려고 법당에 가곤 했습니다. 잘은 못했지만 인시에 지장경 몇 품 읽고 나머지는 지하철에서 읽으며 하루 1독을 채웠더랬습니다.

마음이 살만해지니(기도를 많이 한 것도 아니고, 물리적 환경이 눈에 띄게 좋아진 것도 아닌데, 왜 이렇게 마음이 편안해지는지…이겨내고 꾸준히 기도하는 것이 진심절원이라 하셨는데) 기도도 갈수록 소원해지고, 금요일 법회도 안 가게 되었습니다. 금요일 하루 7시 칼퇴근하며 눈치 보는 것도 짜증스럽고 종일 일에 치여 피곤하다는 핑계였지요.

카페도 자주 접속 안 하는 이 불성실한 불자가 공지되는 행사 소식만은 제 때 보는 것부터가 가피를 입는 것 같습니다. (가피 1)

작년 11월 큰스님 친견했을 때 이직을 해도 별반 다르지 않은 상황이니 하루 몇 품이라도 꾸준히 독송하고 1천 독을 목표로 하라 하셨습니다. (그래서 일단 이직은 포기)

신기하죠? 제가 연차 내고 스님 친견하던 날 회사에선 꽤나 속 시끄러운 전체회의가 있었다고 합니다. 그날 그길로 사표내고 그만둔 동료가 나왔더랬어요. 제 성격에 그 자리 있었으면 대책 없이 사표 질렀을 것 같다는 생각이 확 스쳤습니다. 그 자리에서 저만 쏙 빼내서 그 사이 스님을 만나게 해주신 거였지요. (가피 2)

이직을 포기했는데 회사 상황은 자꾸 미묘하게 변해갔습니다. 이게 제 운이 아니라 경영진 운에서 변화가 오는 게 아닐까 하는 의문이 들 정도로요. 이직해도 별로일 것 같고, 이 나이에 이력서 내서 이직한다는 게 가능할 것 같지도 않지요. 이직 안 하면 별수없이 야간근무로 가야 할 것 같고, 밤 근무로 옮기면 그나마 따라갔던 방생법회 수륙대제 수계법회도 한 번 가기 힘들 것 같아 자존심도 엄청 상하고…

　방생법회 출발 전날 밤에 몇 회사에 지원서를 냈습니다. 나를 불러줄 리가 없기에 기대도 안 했습니다. 얼음물 사이로 자라 놓으면서 좋은데 이직하게 해주시고, 시험 합격하게 해주시고, 어쩜 그리 직설적이고 유치한 소원이 절로 읊어지던지… 본찰 법당에서도 각 전에 과자상자 놓으면서 좋은 데 이직하게 해주시고, 시험합격하게 해주시고를 읊조렸습니다.

　법회 후 대전에 가서 오랜만에 친구 만나 수다 떨고 놀다가 일요일 서울로 올라왔습니다. 월요일 오전 한 회사에서 면접보러 오랍니다. 전화 받는 순간 '와 대박! 방생 효험 정말 빠르다. 감사합니다' 란 생각밖에 안 들었어요. 화요일 저녁 면접보고 수요일 오전 합격전화 받았습니다. 급여는 지금보다 오르고, 직위도 유지되고 다시 해보고 싶었던 업무로 말이지요.
　마흔다섯이 된 제가 소개 없이 이력서만으로 경력직으로의 이직이란 이런 큰 가피를 입다니… 끝까지 좋아야 좋은 거라는 스님 말씀이 떠올라서 끝까지 좋을 수 있도록 다시 기도하려 합니다. '기도에 허송은 없다' 시던 말씀이 힘이 됩니다.

    부처님! 감사합니다.
    지장보살님! 감사합니다.

2018. 11. 12 / 1717

## 부처님 감사합니다

저는 달맞이 안심정사에 다니는 중학교 3학년 여학생입니다. 제가 절을 다니게 된 계기는, 엄마가 부처님을 믿으시면서 안심정사라는 절을 알게 되어 저도 따라가게 되었습니다.

처음에는 안심정사 분위기가 좀 무서웠으나, 저도 모르게 자꾸 엄마 따라서 안심정사에 가게 되면서 절에 다닌 지 1년이 넘었습니다. 엄마가 한자 지장경을 읽으라고 하셔서 읽게 되었는데 그렇게 몇 시간에 걸쳐 읽고 나니 저에게 돈 10만원이 생겼습니다. 그 10만원으로 제 입도 즐겁고 모든 게 행복했습니다.

그걸 계기로 기도를 시작하게 되었지만, 엄마가 그 이후로 계속 기도를 강요하기도 하고 기도를 안 하면 용돈도 못 받고 그랬습니다. 용돈이 필요해 억지로 하는 마음이 컸던 것 같습니다. 하지만 그렇게 한 품 두 품씩 하다 보니 좋은 일도 생기고 시험도 잘 치게 되었습니다. 그러다 보니 기도한 지 1년이 넘었고 최근에는 제가 갖고 싶은 휴대폰도 갖게 되었습니다.

제가 그 폰을 갖기 위해서 하루에 한 품씩 매일 기도해 소원을 이루기로 약속을 하였습니다. 그렇게 하루에 한 품씩 기도하고 수요일 법회 가는 날이면 원래의 하던 양의 두 배인 3독을 하곤 했습니다. 하지만 일주일, 이주일이 지나도 이루어지지 않자 실망을 하고 '그래, 이렇게 한다고 뭐가 이루어지겠어'라는 심정으로 갈등도 있었지요.

그래도 제가 끈기가 엄청 강해서 계속 해보자라는 심정으로 기도를 하다 보니 생각도 바뀌게 되었습니다. 항상 긍정적으로 생각하고, 화도 줄이고 원래 성적이 별로 좋지 않아 실업계를 가려고 했지만 인문계를 가보자고 도전해서 결국 이번 시험을 잘 보게 되었습니다. 원래는 성적이 30점, 20점 모든 과목 점수가 이랬는데 이젠 80점, 90점대가 4개이고 나머지는 다 60점대이며 가망이 없었던 수학, 영어는 점수가 30점대씩 올랐습니다.

모르는 건 다 찍었는데 그것 또한 다 맞았습니다. 시험도 끝나고 이제 휴대폰 바꾸는 것에 기도를 열중했습니다. 그런데 시험 끝난 지 하루가 지난 날 엄마가 핫도그를 먹으러 가자고 했지요. 핫도그를 별로 안 좋아하시는 분인데 말이죠. 엄마도 왜 핫도그를 갑자기 먹으러 가자 했는지 모른답니다. 전 귀찮았지만 준비해서 나갔습니다.

길을 걷다가 휴대폰 이야기가 나와 엄마가 휴대폰을 한번 보러 가자고 하셨습니다. 원하는 휴대폰 기종을 찾으니 없어서 그렇게 끝나나 싶었는데 엄마께서 여기도 저기도 가보자고 하셔서 모든 대리점을 다 갔습니다. 그렇게 대리점을 네다섯 군데 가본 결과 가망이 없었고 포기를 해야 되나 싶던 와중에 마지막으로 새로 생긴 휴대폰 가게로 한 번 더 들어갔습니다.

친절하게 맞아주며 상담 받은 곳들 중에 최고 좋은 방향으로 상담 받게 되어 원하던 폰을 결국 사게 되었습니다. 그 전날 스님이 꿈에서 제 손을 잡아주시는 꿈을 꾸었는데 그 꿈으로 사게 된 것이 아닌가 싶습니다. 저는 휴대폰을 바꾸고 아! 이게 부처님의 가피인가 싶었습니다. 감사합니다. 지금 저는 새로 산 휴대폰으로 글을 씁니다.

♥부처님 감사합니다.
♥스님 저는 어리고 사실 기도에 대해 잘 모릅니다.
하지만 이번 계기로 꼭 말씀드리고 싶은 게 있습니다. 저와 같은 학생들에게 기도를 한다면 꼭 포기하지 말고 기도하라고 말씀해 주세요. 엄마가 항상 말씀하셨듯이 최고 좋은 시기에 좋은 걸 주신다는 말씀을 잊지 말고 기도하셨으면 좋겠습니다. 이 글을 스님께서 읽어주셨으면 좋겠습니다.

다시 한 번 더 부처님 감사합니다.
스님 제가 절에 가면 항상 손 잡아주셔서 감사합니다.

2018. 04. 19. / 1465

## 경전 말씀은
## 한 치 틀림없어

　인터넷에 글 올리는 것은 자칫 잘못하면 마음을 다치기 때문에 잘 올리지 않는데, 요즘은 시시콜콜한 일들을 자꾸 올리게 되네요. 아마도 스님의 축원과 법우님들의 선플 덕분이지 싶습니다. '뭐 이런 걸 올려?'라는 생각이 드시더라도 그저 예쁘게 봐주세요.^^

　지난 4월 12일 세탁물을 수거해가고 가져다 주는 사장님께 겨울옷 몇 벌과 선물로 받았던 국내 유명 메이커 머플러를 맡겼습니다. 그런데 며칠 후 가져온 세탁물에 목도리가 없어 말씀드렸더니 수거해 간 사실이 없다는 것입니다. 그날 비가 와서 목도리가 젖을까 봐 세탁물에 잘 넣어 놨다 맡긴 것이고, 달력에도 적어놨기에 분명히 기억하는데 그런 사실이 없다니 참 답답했지요.

사장님이 찾아보겠다고는 했지만 이후 몇 번이나 없다는 답변만 돌아왔습니다. 저렴한 것이라도 아까웠을 텐데 값이 꽤 나가는 것이라 더 아까웠습니다. 하지만 참 이상하게도 옛날 같으면 어떻게 해서라도 변상 받으려고 했을 텐데 새벽 지장경 기도 수행하는 자의 마음자세를 갖다보니, '내가 재물을 크게 잃을 운이 왔는데 새벽 지장경 기도 가피로 목도리 하나 잃는 것으로 받으려나보네.^^' 라고 생각하게 되더군요.

그렇게 생각하니 맘이 편하고 어차피 당장 필요한 것도 아니라 오늘 사장님 오시면 '신경 쓰지 마시라'는 말을 전하려고 했지요. 그런데 잠시 전 세탁 사장님이 봄날 벚꽃처럼 화사하게 웃고 오시면서,
"팀장님 찾았어요, 목도리 찾았어요" 저도 기뻐서
"어머나 찾으셨어요? 잘됐다~ 어디서 찾으셨어요?"

그날 옆 사무실에서 흘리고 간 것을 주워놨다가 오늘 주더라는 것입니다.
'어, 이거 뭐지?' 순간 기쁘면서도 소름 끼쳤습니다. 비록 마

음에서 포기하기는 했지만 이후 사장님과의 관계는 많이 불편했을 텐데, 목도리를 찾은 것보다 계속 봐야 할 사장님과 불편해지지 않아 너무 기뻤지요.

'정말 불보살님, 천신님들이 항상 제 곁에 계시는구나' 싶었습니다.

지장경 제 11품-6 견뢰지신이 또 말씀드렸다.
"세존이시여, 미래세에 선남자 선여인이 사는 곳에서 이 경전과 보살의 형상을 모시고 경전을 독송하며 보살께 공양 올리면 제가 본신력으로 항상 이 사람을 보호하여 물, 불, 도둑 따위의 크고 작은 횡액과 온갖 나쁜 일을 모두 소멸시키겠습니다"

경전 말씀은 한 치의 틀림도 없다는 것을 또 한 번 느끼는 순간이었습니다.

불보살님들께서 항상 옆에 계시니 나쁜 짓도 못하겠습니다. 그래도 인간인지라 가끔 나쁜 짓도 하게 될 텐데 어쩌지요 민망스러워서ㅠㅠ 제가 새벽기도 하면서 공양금은 입재, 회향 때만 만원 올리고 나머지 날들은 천 원씩 올리며 21일 기도 두 번 회향했는데 세어보니 42일 동안 지장경 독송을 89번 했더라구요.

바로 이어서 또 21일 기도를 하려고 보니 4월 18일 합동천도재 날이 7일밖에 안 남아서 천도재 날을 회향일로 정하고 7일기도에 지장경 독경은 11독, 공양금은 만원씩으로 정했습니다. 그렇게 정한 이유는 49일에 지장경 100독이 되었기 때문입니다.

어제 합동천도재 날. 7일간 공양금 11만원을 논산 본찰에 송금했는데 오늘 이와 같은 일이 일어나니 그저 어안이 벙벙할 뿐입니다. 큰스님 법문에서 "어떤 분이 100일기도 동안 공양금 108만원 올리고 7억 대박났다"는 말씀을 하시기에 저도 그저 흉내낸 것뿐인데…^^

오늘 또 한 번 더 결심을 굳힙니다. 스님 말씀을 진리로 믿고 열심히 따르기로. 그럼 저도 곧 재벌 되겠지요? ㅎㅎㅎ 사실은 공직자라 마땅히 돈 벌 방법을 모르겠는데, 법우님들 좋은 방법 있으시면 아낌없이 조언해 주세요.^^
허접한 긴 글 읽어주셔서 감사합니다.

2018. 04. 24. / 1470

# 부처님 가피는 정말 정확

부끄러운 사실이지만 저는 부처님께 기도만 드렸지 봉사활동은 거의 해본 적이 없습니다. 봉사활동이라고는 회사에서 실시하는 활동에 어쩔 수 없이 참여하는 수준이었습니다. 그냥 영혼 없이 몸만 봉사 장소에 가 있는 수준이라고나 할까요? 법우님들도 마음 속에 깊이 느끼실 내용이지만 우리나라 사찰 또는 법우님들의 봉사활동 수준은 타 종교의 절반도 미치지 못하는 게 현실인 것 같습니다.

큰스님은 항상 법문에서 강조하십니다. "이래서는 안 된다. 봉사활동 해야 한다. 경조사 봉사도 해야 한다. 해야 한다." 수없이 강조하셨지만 법문을 들을 때만 "아! 나도 동참해야겠구나." 이러기를 여러 번, 그런데 문득 저의 특수한 상황을 챙겨 보았습니다.

저는 기러기 아빠입니다. 사랑하는 처와 아들들이 모두 미국에 있습니다. 특히 아들들은 중·고등학교를 다니고 있습니다. 학부모님들은 모두 동감하시겠지만 이 나이 때의 남학생은 정말 이루 말로 표현하기 힘들 정도로 거칠고 다루기 힘든 중생입니다. 저 또한 그랬던 것 같습니다.

남자애들은 아버지의 따뜻하면서도 때로는 범접할 수 없는 카리스마가 있어줘야 비로소 따르게 됩니다. 그런데 저는 현실적으로 그런 역할을 할 수가 없는 상황입니다. 그렇다고 그냥 마냥 처가 잘 알아서 할 것이다 라고 그냥 방관하면 너무 무책임한 아빠로 전락하게 될 것은 불을 보듯 뻔한 사실이었습니다.

자라나는 애들을 위하여 아빠는 멀리서라도 어떤 공덕을 쌓아야할까 고민에 고민을 했습니다. 그런데 문득 큰 스님의 법문 내용 중 '봉사'라는 두 글자가 저의 전두엽(뇌의 중요 부위로써 기억력, 사고력 등을 주관)을 강타하는 것이었습니다.

"바로 이거구나, 이런 건 바로 행동으로 옮겨야 하는 것이야!"

이렇게 결심하고 실천에 옮겼습니다.

지금부터 그 생각하고 실천한 것이 어떻게 성취되는지 가능한 한 생생하게 전달해 드리겠습니다. 대구법당에서는 매달 1회 영천 3사관학교에서 봉사활동을 하고 있습니다. 우연찮게 작년 11월에 큰스님이 주관하셨던 3사관학교 수계법회에 참석하면서 지금까지 쭉~~ 봉사활동을 하고 있습니다. 그것도 초대 회장이라는 훌륭한 직책을 여러 대구 법우님들이 지어주셨습니다.

### 기러기아빠의 봉사가 유학생 아들의 장학금으로

그때는 몰랐습니다. 그냥 봉사 활동 하라고 하니, 또한 하면 자식들에게 좋은 일 있다고 해서 반신반의였습니다. 그런데 지금 미국에 있는 애들에게 있었던 일들을 곰곰이 생각해보니 이건 분명 우연이 아니라는 생각이 들었습니다. 그 결과는 장학금으로 돌아왔지요. 미국은 장학금 제도가 잘 되어 있습니다. 그러나 자국민 또는 영주권 보유자 위주로 장학금 제도가 운영되지 외국인 학생들에게는 굉장히 드물게 장학금이 부여됩니다.

무엇인가 특별한 능력이 있거나 아니면 같은 학우들에게 아주 좋은 영향을 미쳤다고 판단할 경우를 제외하고는 거의 없습니다.

큰 아들은 2017년 겨울(학업우수상)
작은 아들은 2018년 봄(미국생활 적응 우수상)
금액도 점점 커졌습니다. 이거 어떻게 설명이 가능한가요?

"그저 때가 되어서 그렇지, 아들이 잘나서 그렇지"
이건 아닌 것 같습니다. 분명하게 이유가 있을 것이다. 그래서 저 나름대로 답을 찾으려고 스님의 법문을 듣고 또 듣습니다. 그런데 새벽에 지장경 읽으면서 그 답을 지장경 제10품 교량보시공덕품에서 찾았습니다.
"선근을 닦아라. 그게 바로 복전 그 자체다."

이거 완전 대박 아닌가요?
이러니 이거 봉사활동 안 할 수가 있을까요? 저는 그래서 계속 봉사활동이 자식에게 미치는 영향을 분석하기 위해서 더욱더 열심히 봉사를 하려고 합니다.
법우님들! 자식들의 무궁한 발전과 찬란한 앞날을 위하여 다 같이 봉사활동에 어마무시하게 동참하시죠.

저의 짧은 체험으로는,
"시간 없다, 몸이 힘들다, 다음에 하겠다." 이런 마음이 들면 즉시 마음을 돌려서 이렇게 마음을 먹으면 되겠습니다.

"이건 반드시 해야 하는 일이다. 나에게 복전이 굴러왔는데 기뻐하지는 못할망정 스스로 차버려서야 하겠는가!"

"부처님 법은 한 치의 오차가 없다" 이 말씀이 가슴에 와 닿습니다. 저는 그래서 큰스님이 요즘 저희 법우님들에게 축원해 주시는 내용 중 가장 진실하게 따라야 하는 내용이 있는데요. 그것도 잘 따라 보렵니다.
"재벌 되세요~~!! 이건 명령입니다."
법우님들 모두 재벌되세요!!~~

그리고 이 자리를 빌어서 저를 회장으로 추대해주신 모든 대구법당 법우님들께 진심으로 감사드립니다.

2018. 05. 28. / 1505

# 부처님께서
# 살려주신 날

5월 27일 오후 4시 20분 청주시 봉명동.
끼~~익~~꽝~!!!!!!!
무슨 소리냐구요?
눈 깜빡할 새 일어난 대형 교통사고 현장의 소리입니다.

저는 토요일 안심정사 행사를 마치기 무섭게 집에 손님이 오시기로 약속되어 있었고, 빨리 안 오냐는 채근에 투덜투덜~ 온갖 짜증을 부리며 부랴부랴 길을 나섰지요. 토요 재수불공 참석도, 일요법회 참석도 못하게 방해한다는 생각에 너무너무 화가 났습니다. 사실 저로선 안 보았으면 하는 손님이었기에 더더욱 그랬습니다.

그렇게 하룻밤 집에서 지내고 5월 27일 일요일 아침.

정말 내키지 않는 마음으로 가족행사 모임에 참석하러 천안까지 다녀오고 오후에 집으로 돌아오는 시간이었지요. 장소는 큰 사거리에서 저는 좌회전 신호를 받아 진행하다가 정체된 차량으로 인해 횡단보도 앞에서 정지한 상태였습니다.

정지와 동시에 습관처럼 백미러를 쳐다보니, 내리막길 도로 저만치 뒤에서 승용차 한 대가 전력질주로~ 마치 대포가 날아오는 것처럼 돌진하고 있었지요. 나중 알고 보니 그 차는 브레이크를 밟는다는 걸 착각으로 가속페달을 밟았다고 했습니다. 제가 핸들을 돌릴 수도 피할 수도 없는 상황에도 저에게는 만반의 준비태세를 갖추는 괴력의 힘이 생겼습니다.

당시 제정신으로는 했다고 생각 안합니다. 분명 부처님, 불보살님, 지장보살님께서 제게 오셨다고 믿습니다.

온 힘을 다해 브레이크를 밟고 핸들은 제 몸무게를 실어 꽉 잡고 등받이에 바짝 기대어 버티기를 했지요. 잠시 후~ 마치 대포 터지는 듯 커다란 굉음과 함께 제 차는 저를 받은 차에 의해 계속해서 20여 미터까지 밀려나갔습니다.

그 순간에도 저는 어디서 그런 힘이 생겼는지 발은 브레이크에 손은 핸들을 온 힘으로 잡고 버텨냈고 주차모드와 사이드 브레이크까지 완벽하게 채워놓은 상태였습니다. 잠시 정신을 잃었다 깨어보니 주위에 수많은 사람들이 모였고, 언제 오셨는지 레커 차 기사님이 제 차문을 열어 저를 부축이고 있었습니다.

정신을 차린 순간부터
저는 부처님 감사합니다~ 부처님 감사합니다~
수없이 인사를 하고 있었어요~

### 다친 곳 하나 없이 차는 바로 폐차장으로

또 한편으로는 제가 집에 오는 손님 모시기를 너무 짜증내하고 투덜거려서 벌주시나~? 이런 생각도 들었습니다. 제 몸을 살펴보니 찢어진 곳 하나 없이 상처도 하나 없고 겉모습은 멀쩡했어요.~

다만 전신의 후들거림과 어지러움 등 두통은 조금 있었으나 두 발로 스스로 멀쩡하게 걸어 나오는 제 모습을 보고, 모두들 이렇게 큰 사고에도 기적이라고 천운이라며 합창을 하시더군요. 비록 오래되고 낡은 애마였지만 바로 그 자리에서 폐차장으로 끌려갔습니다.ㅠㅠ

안 그래도 낡은 차가 위험하기도 해서 바꾸려고 고민하고 있었는데, 부처님께서 이렇게 폐차를 시켜주시나? 이런 생각이 문득 들어서 웃음도 났고 멀쩡하게 살려주심에 감사했고, 정말 부처님의 가피가 분명함에 놀랐으며 그 불가사의한 원력에 또 한 번 감동했습니다.

부처님 살려주셔서 고맙습니다.
지장보살님 살려주셔서 감사합니다.
큰스님 큰 가르침 또 한 번 감사드립니다.

비록 얼마간의 치료를 위해서 병원신세는 지고 있으나, 저의 기도는 턱없이 모자라고 미약하지만 분명한 건 기도의 힘은 위대하다는 사실입니다. 이제 좀 정신 차리고 살려주심에 감사공양 올리고 이렇게 기적 같은 제 이야기를 올려드리고 싶어서 온 삭신이 쑤시지만ㅋㅋ 즐거운 마음으로 주저리주저리 써보았습니다.

고맙습니다. 감사합니다. 나무아미타불.

2018. 09. 04. / 1641

# 2017년 한강수륙재 행사 날

작년 2017년 9월 한강수륙재에 처음 참석해서 방생을 했습니다.

그날은 딸이 필기 1차 시험을 치루는 날이었습니다.

한강수륙 방생 전날 잠이 안 와 마음이 뒤숭숭했던 기억에 한잠자고 일어났는데, 딸이 꿈에 휑한 들판 눈발 속에 혼자 뛰어가고 있는 꿈을 꾸고는 걱정이 되었지요.

'이상하다 꿈이 왜 이러지?' 하면서 잠도 안 오기에 일어나서 지장경 1독을 다 읽고 기도 끝내고 방생에 참석하기로 결정했습니다.

남편한테 한강 뚝섬까지 태워달라고 부탁했으나 거절당하고 일행들을 불러내서 뚝섬까지 지하철로 갔습니다. 가서보니 조그만 행사가 아닌 엄청 큰 행사였습니다. 뚝섬 잔디밭을 가득 메운 1000명 이상 엄청 많은 인원들이 모여 한강은 축제분위기였습니다.

잉어방생은 언제 하나 기다리면서 보니 높으신 분들도 많이 참석하시고 대단했습니다. 서울시에서 방생지로 허가내 준 것만으로 부처님 가피가 충만한 하루였습니다. 모든 행사가 끝나가고 팔뚝 반만 한 잉어 두 마리를 한강물에 넣어주고…처음 참석했던 잉어방생 경험은 신비스러웠습니다.
안심정사 법안 큰스님께서 방생을 중요시하는 뜻을 깨닫게 된 날이지요.

친구들과 저녁 먹고 집에 오니 어둑어둑해졌습니다. 와서 보니 남편 하는 말이 승용차 내비게이션이 나갔다는 거예요~
'내비가 왜 나간대?' 하고는 저 혼자 중얼중얼~ 큰소리로 말하면 또 싸우니까 "아침에 한강 뚝섬까지 태워다 달랬는데 안 태워다 줘서 그러지…" 방생도 같이 참석했으면 얼마나 좋겠어 하고 말았죠.

딸은 "시험 잘 치렀냐?" 물어보니까 그리 어렵지는 않았다는 거예요~ 방생참석하고 집에 와서 다시 꿈을 꿨는데, 딸이 검정색 정장을 말쑥하게 입고 서있는 꿈이었어요. 생각해보니 합격돼서 출근하는 꿈이었습니다.

법안스님 법문 들어가면서 지장기도 열심히 하고 절에서 하는 행사 열심히 쫓아다니고 분주했던 지난 2017년도는 기도 방생 수계식, 설법전 낙성식 등 많은 행사 참석해서 부처님 가피 받아 딸아이 합격의 영광까지 얻었습니다. 기도의 결실을 맺는 한해였지요.

올해 한강수륙재 날이 다가오니 작년 한해의 일이 생각나는 9월입니다. 한강수륙재 방생에 참석하셔서 부처님가피 많이 받으셔서 원하는 모든 소원들 성취하시고 대박 나십시오.^^
한강수륙재 주최해 주시는 법안 큰스님께 다시 한 번 감사인사 올립니다.

2018. 09. 16. / 1655

## 한강수륙재 방생 가피

　제3회 한강수륙재 방생에 많은 인파들이 모여 축제의 장으로 마무리됨에 감사드립니다. 날씨가 흐리고 오후 늦게 비가 내려 좀 걱정은 했지만 비가 약해지면서 그쳐서 잉어방생을 무사히 마칠 수 있었습니다.

　한강뚝섬유원지에 도착한 시간이 오후 1시 정도 주차장이 꽉 메어져 공간이 없어서 한 시간 동안 헤매다가 겨우 차 한 대가 빠져나가 주차하고 행사장으로 가니 우리 안심정사 안내원들이 봉사하는 모습을 보자마자 모든 걱정 근심도 사라지며 기쁘고 좋았습니다.

온몸이 쑤시고 아프던 것도 사라지고 몸도 날아갈 것처럼 좋았습니다. 동생이랑 친구랑 같이 참석했는데 그 친구는 자리에 앉자마자 어디 작년에 했던 거래처에서 전화가 걸려와 소파 주문 전화가 걸려왔다고 합니다.

"한 오백짜리 떨어졌어?" 물어보자 이것저것 견적을 넣어보니, 한 천만 원 이상은 될 것 같아 그럽니다.

한강수륙재 행사장에 앉자마자 용왕대신님 가피를 입어 주문이 들어온다고 정말 신기하다며, 그 친구 좋아서 얼굴 환하게 미소를 짓습니다.

열심히 하라며 "지장경 하루에 다 못 읽고 힘들면 3품씩이라도 꾸준히 읽으면서 기도 좀 해!" 둘이 대화를 하면서 한강방생도 제가 접수해주었는데 방생번호가 108번인 것도 신기하다고 했지요.^^

지장경 108독을 좀 열심히 해서 근심걱정도 풀고 업장소멸도 하고 상가하나 사는 게 소원이라고 입버릇처럼 하는 친구의 말. 그렇게 하려면 안심정사 열심히 쫓아다니고 나랑 같이 논산 절에도 다니고 지장경도 소원표 써가면서 열심히 하자. 잉어방생을 하고 나니 왜 눈물이 나는지 모르겠다는 친구….

방생을 마치고 "대박 나시오"~~ 하시며 악수를 해주시는 법안스님의 미소를 오랜만에 뵈니 마냥 즐겁고 행복한 행사장이 되었습니다.

아~~오늘 하루 아쉽기도 하지만 맘속에 꽉 차는 듯한 어떤 환희감이 부처님의 가피인가 봅니다. 마냥 마음이 뿌듯하고 행복하면서 뚝섬유원지의 백일홍과 노랑 가을국화꽃을 보면서 주차장까지 오는 길은 어린 소녀처럼 행복했지요.

모든 것이 '정말 잘돼, 정말 잘돼' 법안 큰스님의 말씀이 귀에 쟁쟁하게 씨앗이 되어 복으로 돌아오고, 모든 일들이 한 개씩 한 개씩 풀려가는 것이 부처님 가피를 느끼게 합니다. 우리가 염원하는 모든 소원성취와 대박이 터질 것 같은 징조가 보입니다.

2017. 12. 11. / 1356

# 인시 지장경 기도의 영험

안심정사와 인연된 지 2~3년.

불교방송BTN 인연으로 카페부터 가입해 6개월 쯤.

집은 광명이지만 궁금하면 쫓아가 눈으로 확인하는 성격이라, 2015년 9월 22일 지금 대학 2학년 딸이 수시 접수하는 날임에도 불구하고 양재역 2번 출구에서 버스를 타고 논산 방생법회에 참석했지요.

여유가 없어서 아이 셋 중 둘째 셋째는 학원 문전에도 못 보냈습니다. 둘째 아이 수시 6곳 접수 때만 해도 비용이 모자라, 저는 논산에서 딸은 집에서 제 휴대폰을 통해 수시결제 승인번호를 주고받으면서 접수 했지요.

그날 방생 후 약사여래불전 법문을 하시는데, 눈물이 나고 하품도 나며 졸리는데 비몽사몽 중에 제가 약사여래불 뒤쪽에 몇몇 불상들과 같이 서있는 겁니다.

너무 이상해서 이러다 절에 비구니가 되는 건 아닌가 했지요ㅋㅋ. 법문 끝난 후 이대로는 도저히 궁금해서 갈 수가 없었습니다. 앞마당에서 법우님들과 대화하시는 스님이 잠시 혼자 계시는 틈에 용기 내어, "스님! 제가 이런 저런 모습으로 여래불 뒤편에 서있었습니다" 말씀드렸더니… '부처님가피를 받는 거'라고 했습니다.

### 방생공덕이 이렇게 클 줄이야…

특별히 기도도 하지 않았고 둘째 딸 수시 합격과 남편의 취직을 발원했을 뿐인데, 그때부터 제 운명은 변하기 시작했지요. 딸 수시 6곳 중 5곳 합격, 원하는 대학 원하는 과에 성적이 좀 모자라 기대도 안 했는데 담임 선생님이 합격소식을 알려왔습니다.

남편은 시청 정규직 2명 모집하는데 70명 중에서 당당히 합격했으나, 큰딸아이는 졸업하고 자격증 공부 중이었는데 불합격ㅋㅋ. 그러나 마음은 여유롭습니다. 다른 길이 있든지 아니면 더 좋은 걸 주시든지 하겠죠.

아, 참! 지장기도 후 마음이 넘 편해졌습니다. 큰애 시험불합격에도 조급해 하는 아빠를 제가 다독입니다. 믿어주고 기다리자. 그러다 시청 홈피를 보고 기간제라도 큰애가 머리도 식힐 겸 접수했는데, 광명시 동굴매표 업무 기간제로 합격되어 근무 중입니다.

바빠서 독경 못할 때도 늘 마음속으로 기도한 덕분이라 생각하지요. 공부 싫어하는 아들이 어느 날 요리학원 보내 달라고 해서 등록해 주었더니 1년 동안 하루도 안 빼고 참 성실히 다닙니다. 하루에 한식과 양식 필기시험 합격하고 이제 실기가 남았지만 부처님, 지장보살님, 스님만 믿습니다.

또한 큰 아이 명의로 된 청소용역사업도 요즘 어느 정도 안정되는 것 같습니다. 꾸준히 소원표대로 원하는 일만 들어오니 늘 바쁘고, 금전문제도 이제는 좀 해결되었지요. 원력 좋으신 법안스님께서 둘째 아이 상담접견 시 장학금 받고 다니겠다고 하시더니 시청 인재육성재단 장학생에 선정되었습니다. 등록금 절반을 장학금으로 작년에도 받았지만, 지금은 70~80퍼센트 정도로 장학금이 올랐습니다.

모든 게 다 사람의 힘만으로는 안 되는 것 같습니다. 오로지 부처님과 지장보살님만이 할 수 있는 일이라 생각합니다. 아직도 할일이 많습니다. 우리 집 양반 신심 가득한 불자 만들기, 돈 대박 나서 안심정사 전국적으로 건립, 불사 많이 하기 등. 큰애 기간제 연장으로 정규직 만들기도 이뤄주실 거라고 믿습니다.

   이렇게 할 수 있게 능력 주시어 늘 감사합니다. 제가 가진 염주는 7일이면 하나씩 주변인들에게 나눠준답니다. 너무나도 탐내기에 주지요. 그리곤 독송기도와 더불어 경전을 선물해 주지요. 한때는 잠시 극단적인 삶도 생각했는데, 안심정사와 인연되고부터 정말 살만 한 가치가 있는 게 삶이니 경전을 읽으라고 권합니다.
   열심히 사는 세 아이 엄마였습니다.

제4장

# 감사공양

- 행복시작, 불행 끝! 1번 소원성취
- 짧은 기간 내 소원 3개 이루고
- 내집마련 소원성취~^^~
- 가피 받고 행복에 빠져
- 감사공양 후 부처님 가피
- 소소한 소원도 이루어져
- 부처님께 진정으로 귀의
- 제 얼굴이 예뻐졌어요
- 동참축원기도 공덕
- 감사공양은 구두쇠 지갑도 열어
- 빚 갚게 해 준 딸과 손녀
- 기도와 가피
- 성취의 공덕 나누라는 말씀
- 진정한 기도에 대해…

2018. 02. 25. / 1418

# 행복시작, 불행 끝!
# 1번 소원 성취

어릴 때 아버지 손을 잡고 절에 다녔던 저는 일편단심 부처님만 좋아하는 불자입니다. 그러나 큰스님 말씀대로 초하루나 초파일 되면 적당히 절하고 공양만 하고 돌아오죠. 절의 행사는 동참하지만 삼천 배는 생각도 못했고, 꼭 바라는 일이 있으면 열심히 가다가 편안한 일상 때는 적당히 그럭저럭 다녔습니다.

나름 독실한 불자라는 자부심으로, 갖고 있는 경전으론 천수경/ 반야심경/ 금강경/ 법화경 그 외 좀 더 있을 정도입니다. 어쨌든 전 부처님을 너무 너무 좋아합니다. 그러던 제가 집안일로 절에 가는 것을 약 2년간 소홀히 하다가 어느 날, 마음에 큰 상처를 받아 혼자 버티기엔 너무 힘들었습니다.

그대로 있다가는 정신병원에 가야 할 것 같은 무서움으로 일주일을 잠 한 숨 못자고, 그야말로 지옥 속에서 도저히 헤어 나오질 못하다가 허둥지둥 스님 말씀대로 부처님을 찾았지요. 여느 때처럼 불교 TV를 보고, 유튜브에 들어가서 좋은 말씀은 다 찾아보았습니다. 명상의 말씀/ 나를 다스리기/ 마음이 편안해지는 음악/ 등등. 보왕삼매론을 밤새도록 들었지요.

하지만 아무리 정신 차리려고 해도 진정되지 않다가 어느 날 갑자기 마음의 분노가 녹는 것 같았습니다. 한순간 마음이 편안해지면서 호흡이 제대로 되어 살 것 같았습니다. 불교 TV의 법안 큰스님 법문을 듣고 난 후였는데, 지금 생각해보니 어떤 말씀이 어떤 내용이 나를 정신 차리게 했는지 생각나지 않습니다. 그냥 자석에 끌리 듯, 마술에 걸린 듯 법안 큰 스님의 법문을 찾았습니다.

특히 해운대 달맞이 길에 안심정사가 있다는 사실을 안 날은 온 몸에 소름이 돋았습니다. 부처님께서 저를 인도 해 주셨다는 생각이 들었지요.
"나의 운명을 바꿀 수 있다."
오직 이 말씀 하나로 아마 스님을 찾지 않았나 싶었는데 저의 집에서 30여 분 만에 갈수 있는 곳, 그리고 직장에 다니고

있는 저를 위하여 매주 한 번 저녁 시간에 법문이 있다는 총무
님의 말씀에 정말 기뻤습니다.

## 🔖 60 넘은 남은 인생 멋들어지게 살고 싶어

그리고 스님께서 가르쳐 주시는 대로 할 수 있는 건 다 따라
했습니다.

"타고난 팔자는 있지만, 바꿀 수 있다. 운명을 바꿀 수 있다.
스님이 해보니 되더라"는 그 말씀이 얼마나 힘이 있으시던지 전
한 점 망설임 없이 그대로 따를 수밖에 없었습니다. 무조건 하
면 된다고 하셨으니까요. 왜냐하면 전 제 운명을 좋게 바꾸고
싶었으며, 불행을 끝내고 행복하게 잘 살고 싶었으니까요.

어느덧 60이 훨씬 넘었으나 남은 인생 좀 멋들어지게 살고
싶었습니다. 지장경 하루 한편을 다 못 읽은 날도 있었고, 독송
외에 다른 법우님들처럼 절도 많이 못했지만 아직도 새벽잠과
싸우면서 전 걱정하지 않습니다. 첫 재수불공 참석한 날 스님께
받은 선물을 한아름 안고 집으로 돌아오는 날의 감동…

"부처님! 앞으로 제가 살아 있는 동안은 기도를 게을리 하지
않겠습니다. 평생 지장경 독송을 하겠습니다"

맹세하고 또 맹세를 하였기 때문입니다. 지장경을 지인들에게 선물하고, 도반들에게 큰스님을 소개하고(그들은 이미 법안 스님을 알고 있었네요. ㅋ), BTN에 우리 스님 최고란 걸 알리려고 점심은 도시락으로 바꾸었지요.

점심값으로 울 스님 법문 시간에 ARS후원금 내고, 덕분에 이벤트 당첨되어 스님의 책과 팔찌염주, CD를 선물 받았고요. 육고기 · 장어 · 생선을 즐겨먹었던 지난 날을 참회하기 위해 그런 생물을 사지 않고, 대신 그 돈으로 방생 동참을 하였지요. 매월 남편의 노령연금으로 "지장보살님께 3년 정기적금 넣으면서 3년 뒤든, 언제든지 몇 배로 불려주시든 부처님께서 알아서 해 주세요." 그냥 맡겼습니다.

남편이 몇 달 전부터 시작한 금연으로 남은 돈 일부를 작지만 만선공덕회에 후원금으로 1년 약정했습니다. 퇴직한 지 오래 된 남편은 수입보다 지출이 많은 시기지만 제가 이렇게 할 수밖에 없는 이유는, '가장 큰 보시는 법보시'라는 말씀을 철저히 믿기 때문입니다. 제 좋은 운명을 사려고 하기 때문입니다.

이렇게 제가 장황하게 말씀 드린 이유는 제가 지극히 열심히 기도 한 것도 아닌데 제가 지장경 독송 후, 엄청 빠르게 소원이 이루어졌기 때문이며, 앞으로도 계속 "불행 끝! 행복시작"이 된 다는 자신감이 생긴 게 그 이유입니다.

지장경 독송 후 얼마 되지 않아서 딸의 걱정이었던 1번 소원이 이루어졌고, 그 공백기에 다시 급한 일이 생겨서 1번 소원을 아이의 취업으로 수정했습니다. 그리고 한 달 뒤 이력서를 넣고 연락이 없어서 몇 달을 포기하고 있었는데 면접을 보러 오라는 메일이 왔다고 했습니다. 1차 면접 날. 마침 외근 나가는 곳이 달맞이절 근처여서 들렀습니다.

신년기도중이어서 마침 스님과 법우님들께서 함께 기도하시기에 동참하여 간절히 원했습니다. 그날 오후에 합격했다는 연락을 받았고, 이튿날 최종 2차 면접도 합격! 통보를 연락 받았습니다. 그 다음 날 지장경 독송 중 흘렸던 눈물은 여태 흘렸던 눈물 중에 가장 많은 눈물이었지요.

읽는 내내 고맙습니다. 부처님. 큰 스님… 눈물이 끊이지 않았습니다. 수년 동안 공부하느라 객지에서 고생하다가, 부모에게 더 이상 도움 받을 수 없다고 온갖 알바를 하며 몸이 아파도 혼자 감당했던 딸인데… 회사 규정상 9개월간 계약 후 다음 재계약은 본인 의사로 결정할 수 있는 직장을 얻게 된 것입니다.

더 정진하고, 더 겸손하고, 더 노력하자고 딸아이와 함께 다짐했습니다.

법안 큰스님!

언제나 초심을 잊지 않기를 약속드리며, 스님의 큰 뜻에 따르며 열심히 정진할 것을 다짐합니다. 작지만 감사공양비 달맞이절에 올립니다.

"부처님! 9개월 동안 우리 딸 무탈하게 직장일 잘 마치게 해 주십시오."

소원이 이루어지기를 기다리고 계신 모든 법우들께 감사합니다. 그리고 죄송합니다.

2018. 05. 28. / 1504

# 짧은 기간 내
# 소원 3개 이루고

본연 님께! 얼떨결에 카페에 글을 쓰겠다고 약속을 드렸지만 제가 초보불자인지라 무얼 어떻게 써야 하는지 모르겠고 쑥스럽기도 해서 사실 안 쓰려고 했는데 너무 친절하고 다정하게 대해 주셔서 감사한 마음에 글 올립니다.

저는 유튜브에서 법안 스님 법문을 듣고 안심정사에 찾아왔습니다. 집안에 여러 가지 문제가 산재해 있었는데 무엇 하나 해결이 안 되고 사방이 꽉 막힌 듯 하였습니다. 제 나름대로 기도도 해보고 긍정심을 가지려 유튜브에서 여러 방송을 듣다가 싫증이 날 즈음, 법안 스님 법문을 듣게 되었고 이분은 어떤 스님이기에 이리 내 맘에 쏙 드는 말씀만 하시지?

여길 가면 뭔가 해결이 될 것 같다는 생각이 퍼뜩 들어 찾아 간 것이지요. 5월 8일 안심정사를 처음 찾아가던 날 버스에서 내려 위치를 찾느라 헤매고 있었는데 어디선가 갑자기 후덕한 아주머니께서 나타나셔서 제게 뜬금없이 "강아지를 찾느냐?"고 물으시더군요.

아니라고 했더니, 그럼 왜 두리번거리느냐고 해서 안심정사를 찾는다고 했죠. 이 근처에는 없는데 그럼 빌딩 이름이 뭐냐고 물으시기에, 주원빌딩이라고 말씀드리니 대각선 방향이라고 가는 방법까지 아주 친절하게 알려주셔서 쉽게 찾을 수 있었지요. 요즘 세상에 묻기도 전에 먼저 알려주는 사람도 있구나 했는데, 지금 생각해보니 살짝 불가사의 아닌가요?

도착해서는 법사님과 총무님이 마침 계셔서 상담도 해주시고 안내도 잘 해주셨습니다. 시작이 좋았지요? 제가 스님 법문을 듣고 지장경을 읽기 시작한 날은 4월 30일이었어요. 지장경이 뭔가 인터넷을 검색하다가 어느 부동산 카페에서 지장경을 그냥 준다는 말에 신청했더니 택배비까지 무료로 보내주셨는데 받아보니 안심정사 책이었답니다. 이 또한 인연이지요?

어찌되었든 저는 날마다 1독씩 100일을 목표로 정했습니다.

제 소원표 1번에는 지장경 100일을 1독 이상 빠지지 않고 즐겁게 할 수 있도록 도와주십사고 적었습니다. 다른 분들은 하루에 몇 독씩 하신다지만 저는 지장보살님께…

"지장보살님, 저 뭐든 오래 많이 못하는 거 아시지요? 저로서는 할 수 있는 한 하겠으니 지금은 이해해 주시고 대신 그 힘 좀 늘려 주세요"라고 기도했습니다.

제가 집에서 일을 하고 있기에 바쁘기도 하지만 그건 핑계이고, 끈기와 집중력이 초딩 수준이라서 어떤 날은 한꺼번에 1독을 하기도 하고, 끊어서 1독을 하기도 했습니다. 앉아서도 읽고, 졸리면 서서도 읽고, 지하철에서도 읽고, 시간 없을 땐 걸으면서도 읽었습니다. 사실은 늦잠을 잔 날도 있어요. 하지만 지금까지는 매일 빠짐없이 1독은 하고 있습니다.

그리고 법안스님 법문은 어릴 때 재미있는 옛날이야기 듣는 것처럼 편안하고 재미있어서 수시로 듣고 있습니다. 재수불공은 2번 참석했고 지장경은 지금까지 30독 했네요. 소원성취는 2, 3, 4번이 이루어져서 너무 기쁩니다. 그게 뭐냐 하면요?

첫 번째로 이루어진 소원은 우리집 강아지 이야기랍니다.

지장경 읽은 지 보름 만에 이루어진 일이지요. 5월 14일 성취(소원표 4번).

강아지가 오른쪽 뒷다리 수술을 했는데 한 달이 지났는데도 걷지를 않아서 별별 방법을 다써보아도 소용이 없었어요.

오늘까지 안 되면 재검사해서 재수술이든 재활치료든 해야 하겠다 마음먹었던 그날부터 뒷다리를 조금씩 사용하기 시작했고 점점 좋아지고 있습니다. 강아지를 무슨 소원표에 넣었냐고 웃으실지 모르지만 강아지도 가족인지라 한쪽 다리만 사용하면서 절룩거리는 강아지를 볼 때마다 속이 상하고 척추까지 휠까 봐 걱정이 많이 되었어요.

### 2년 끌던 소송도 해결되고, 안 팔리던 집도 팔려

더 중대한 일들이 있었지만 이건 시간을 다투는 문제라 생각하여 소원표 4번에 넣었었지요. 두 번째 소원은 남편 일이랍니다. 5월 15일 성취(소원표 2번). 남편이 법적인 문제에 휘말려 2년을 골치 썩여서 가슴을 짓눌렀는데 그 일이 완전히 해결되어 숨통이 트였습니다. 너무나 감사합니다.

세 번째 소원은 집 매매 문제였습니다. 5월 25일 성취(소원표 3

번).

　이 집은 꼭 팔아야 하는 상황이어서 급매로 턱없이 낮은 가격에 작년부터 내놓았는데도 안 팔렸지요. 소원표에 '이 집을 5월 안까지 팔리게 해주세요' 라고 쓰고, 기도는 이 집이 만약 5월 안에 안 팔린다면 더 좋은 기회를 주시는 걸로 알고 포기하겠습니다. 하지만 제가 많이 힘들 것 같아요. 꼭 해결되었으면 합니다 라고 했습니다.

　그런데 드디어 지난주 금요일에 계약을 했습니다. 집 팔아서 섭섭한 게 아니라 시원합니다. 이제부터 새로운 시작이니까요.~ 쓰고 보니 어디선가 갑자기 나타난 초보불자가 짧은 시간 내 소원이 이루어졌다고 자랑이 된듯하여 염려가 됩니다. 하지만 안심정사에 오기 전에 저는 오랜 시간 동안, 해결된 문제를 포함한 여러 문제로 고통 받았기에 나름 기도도 했고 하늘을 원망하기도 했습니다.

　그러다가 이 문제들이 생겨난 원인이 무엇일까를 분석했고, 분명히 해결할 방법이 있을 거라는 생각이 들었습니다. 그것이 안심정사에 와서 물꼬가 터진 것이라 여겨집니다. 해서 감사한 마음에 지난 주와 이번 주에 감사공양을 부처님을 비롯한 보살님들께 조금씩 나누어 올렸습니다. 아직도 제게는 해결된 일보다 시간이 많이 걸릴 숙제가 많이 남아 있습니다.

제가 전생에 죄가 많아서 그 업을 닦으려면 아직도 갈 길이 먼 듯합니다. 하지만 업을 닦는 방법을 알았으니 희망이 생겼습니다. 그 길을 터주신 법안스님께 감사드립니다. 법안 스님의 법문을 듣고 간절하게 기도할 마음이 들었고, 예전엔 이상하게 간절함이 안 되었는데 구체적이고도 소원이 성취되는 기도방법을 알았습니다.

그리고 본연 님, 어제 따뜻하고 친절하게 대해 주셔서 감사드리고 강아지 신경 써주신 청정화 님께도 감사드립니다. 쓰고 보니 두서없이 길어졌지만,
　본연 님! 저 약속 지켰어요.~

2019. 02. 14. / 1840

# 내집마련 소원성취~^^~

어제 제 이름 석 자가 박힌 '등기권리증'을 받았을 때 진짜 집을 샀구나~ 실감이 나데요. 이젠 집 보러 다니며 이삿짐 싸는 것도 그만하고 작으나마 내집 마련해서 맘 편하게 살고 싶은데 제겐 그럴 여유조차 없는지 60을 바라보는 나이에도 남의 집 살이 하는 게 우울하기만 했지요.

가진 돈도 별로 없고 신용도 높은 편이 아니라 대출받기엔 은행 문턱이 너무 높아 내집 장만은 생각하지도 못했는데, 갑자기 무슨 배짱이 생겼는지 평택에 아파트든 빌라든 오피스텔이든~ 너무 많이 지어 미분양이 많아 싸게 판다는 현수막에 혹~해서 내 형편에 맞게 작은집이라도 사자. 마침 집계약기간도 끝나가고 해서 집을 보러 다녔지요.

출퇴근 셔틀버스 타는 곳도 생각하며 혜신 법사님께 이사 방향을 여쭙고 알아보던 차 마땅한 곳도 없고, 방향도 안 맞고. 동지 지나면 좋아질 거라 하셔서 동지 지나서 알아보자~ 했는데 법사님께서 무난하다는 서북쪽 방향에 괜찮다 싶은 아파텔(아파트+오피스텔)이 시장, 은행, 병원, 마트, 버스정류장이 3~5분 거리에 있고 통근버스도 집 가까이에서 타고 내릴수 있어 동지가 오기도 전에 계약부터 질렀답니다.

대출이 얼마 나올지~ 안 되면 계약금 돌려준다 해서 계약금 걸고, 하다말다 하던 지장기도 출근시간에 맞춰 3시 30분보다 한 시간 늦은 4시 30분부터 했지요. 기도시간에 못 일어나면 퇴근 후에라도 하고 지장염불할 땐 '도·구·살·이'를 생각하며 대출이 좋게 나와 집 살 수 있게 도와주소서~도와주소서~그렇게 기도했습니다.

대출이 많이 안 되어서 신용대출까지 받아야 한다기에 이자가 걱정이지만 어디 가든지 그런 조건들이라 집 위치도 괜찮고 비어있던 집이라 일단 이사부터 하고 지장기도 했네요. 집 사는 데 어려움 없게 해달라고~ 몸이 힘들어 새벽에 기도 못하면 퇴근 후에 하고~ 빡세게 하지 못했음에도 지장보살님은 들어주셨습니다.

대출서류에 계약하고 경매로 나온 집이라 이런저런 문제가 많아 두 달이나 시간이 걸렸지만 그래도 싼 가격으로 집장만 했네요. 권리증을 받고 계속 "부처님 가피 고맙습니다"만 노래 불렀더니 아들이 1억3천 대출금 30년 갚아야 하는데 그땐 엄마 나이 90이니까 엄마 90살까지 살아있어야 한다네요.

난생 처음 큰 빚을 안게 되어 갚을 수 있을까~ 두렵고 걱정되긴 하지만 부처님 빽이 있으니 걱정은 접어 두렵니다. 큰스님 말씀대로 걱정 말고 기도하렵니다. 오로지 꾸준히~~
 "잘돼 잘돼 정말잘돼!! 잘돼 잘돼 정말잘돼!! 잘돼 잘돼 정말잘돼!!"

---

### 도·구·살·이 란?

- **도**와주세요
- **구**해주세요
- **살**려주세요
- **이**뤄주세요

2018. 02. 07. / 1404

# 가피 받고 행복에 빠져

저는 가피 받고 행복에 빠져 이제야 글 올립니다. 막상 올리려다 보니 엄청난 가피를 받은 분들의 글이 올라와 있어 잠시 멈칫했는데, 제가 받은 가피는 저에게 엄청난 가피이기에 용기 내어 글 올립니다.

1월 10일경에 안심정사 다니는 법우에게 저의 고민을 얘기하게 되었고, 그 말을 들은 법우는 안심정사 법안 큰스님을 만나 기도하면 모두 해결된다고 했어요. 저의 고민은 대학생 딸의 음주였습니다. 일주일에 5일, 몸이 안 좋으면 3~4일을 술이 너무 좋다면서 엄청나게 마시고 집에 들어와요.

딸을 위해서라면 무엇을 못하나 하는 마음으로 1월 12일 서울 안심정사 재수불공이 있는 날 법우님 안내로 갔지요. 법안 큰스님께서 몸이 편찮으셔서 법회를 못하신다고 하여 그런가 보다 하면서 공양하는데 갑자기 울컥하며 눈물이 쏟아지는 거예요. '왜 그러지?' 하는데 옆에 있던 법우가, "법안스님 뒤에 앉아 계시네" 하여, 아! 기도를 열심히 하면 우리 딸이 술을 그만 마시겠구나 하는 확신이 들었지요. 소원표 1번에 "딸이 술을 끊게 해 주시옵소서!"로 적고 지장보살 정근을 할 때 간절한 마음으로 했어요. 정근하는 동안 내내 눈물이 쏟아져서 손수건을 적셔가면서 기도하였지요.

다음날 아침 제가 양치를 하는데 입안에서 선명한 피가 나는 겁니다. 어제 열심히 불공도 드리고 지장경도 읽었는데 아침부터 피를 보다니… 이상해서 법우에게 전화를 해서 이야기 하니, "병이 낫고 있는 거야. 어떻게 하루 만에 가피를 받을 수 있지? 기도 열심히 하라고 아픈 것부터 고쳐주시려나 보다. 피가 더 나게 양치를 다시 해봐"

통화를 하다 보니 온 몸에 소름이 돋았어요. 사실 저는 30여 년을 입안에 염증이 심해서 엄청난 고통을 겪으며 살아 왔는데 이 병이 낫는다니, 고통에서 벗어날 수 있다니 신기하고 신기했어요. 거울로 입안을 보니 아픈 곳이 아물고 부드러워져서 아픈 것이 나아지고 있다는 신호를 보이니 저는 정말 새로 태어난 것 같았어요.

절로 덩실덩실 춤을 추게 되고 신기하고 불가사의한 가피를 받은 일에 감사할 뿐이었어요. 모르고 죽을 때까지 고통을 겪으며 지낼 저에게 지장경 기도를 안내해 준 법우님이 정말 고마웠지요. 법우님 감사합니다.
지장보살님! 부처님! 법안 큰스님 감사합니다.

2018. 01. 01. / 1374

# 감사공양 후 부처님 가피

저의 8번째 소원과 9번째 소원이 이루어졌어요.

참으로 신기합니다. 10개 넘는 송사에 시달리고 가족들도 생사를 오가며 3년이란 세월 어떻게 지나갔는지 지금 생각하면 죽으란 법은 없구나 싶어요. 이 모두가 불보살님과 법안스님과 지장경을 소개한 친구 덕분입니다.
너무도 감사드리고 저도 열심히 힘든 사람들에게 알리도록 노력하겠습니다.

얼마 전 집에 놀러 온 지인으로부터 구청에 원서를 넣어 보라는 제의를 받았지요. 자신은 자격이 안 되니 저보고 "되면 되고 안 되면 말고 어찌 알아? 또 부처님의 가피를 받을지…" 하는 겁니다.

사실 가족들 돌본다고 취직도 못하고 있는 터라 반신반의했는데, 5명 뽑는 자리에 60명이 원서 접수를 했더군요. 저는 안 될 것이라 생각하고 잊어버린 채 있다가 1차 서류 합격에 2차 면접까지 보았습니다. 심사위원들이 5명이나 질문을 던졌는데 어찌 얘기를 했는지 모를 정도로 떨렸지요. 그리고 또 잊어버렸는데 합격 통지가 날라 왔습니다.

기간제 계약직이지만 50살 나이에 힘든 취직이고, 정부에서 비정규직을 정규직으로 전환하는 추세라서 어쩜 정규직으로도 될 수 있는 좋은 기회를 잡은 셈이지요. 1월 2일부터 출근하게 되었습니다. 불보살님께 감사드리고, 법안스님께 감사드립니다. 이렇게 또 복을 받아 기뻐서 법안 스님께 말씀드리니 너무 좋아하시는 겁니다.

### 취직과 대박으로 준비한 공양비만큼 더 들어온 공양비

저의 8번째 소원이 '취직되게 해주세요' 였지요. 그리고 9번째 소원이 '대박 나게 해주세요' 였어요. 그동안 물질적으로 힘들었는데 조금씩 투자해 놓은 것들이 감사공양 후 대박이 터지는 겁니다. 송사 후 감사공양비를 준비해 놓고 기쁜 마음으로 절에 가기만 기다렸는데 1주일 안에 그만큼의 공양비가 들어왔어요.

신기해서 부처님! 감사합니다. 지장보살님! 감사합니다. 스님! 감사합니다. 라고 외쳤지요.ㅎㅎ 지금은 빚도 모두 청산할 수 있게 되었습니다. 인생 로또 맞고 이렇게 하루아침에 역전되고 보니 불가사의한 불보살님의 가피와 법안 큰스님께서 또 축원해 주신 덕분인 것 같습니다.

제가 이렇게 되니 모친께서 "다 기도 덕분이니 절에 갈 때 꼭 같이 가자"고 합니다. 열심히 기도하고 지장경 읽으시겠다고 하시니 또 기쁜 일. 이 모두가 부처님 법을 알게 해준 친구 덕분입니다. 친구에게 감사하고, 저 또한 지인들께 부처님 법을 알리도록 노력하겠습니다.

그동안 법안스님께 힘든 일만 말씀드렸는데 이제는 기쁜 일만 있게 되어 너무도 감사하고 또 감사합니다.

2018. 02. 02. / 1399

# 소소한 소원도 이루어져

저는 법안스님께서 하라고 하는 대로 살려고 노력하는 불자입니다. 얼마 전에 미얀마 수계 불사 후 가피 받은 걸 적어 볼까 합니다.

전 공양할 때 스님 말씀대로 어느 구름에 비가 들었을지 몰라서 가족 이름으로 각자공양을 올립니다. 미얀마 5명 수계공양 올리고 자라방생도 각자 복 지으려고 30마리 했습니다.

글쎄 올해 고등학교 들어간 아들이 여태 손톱을 깎은 적이 없답니다. 정서불안이라 항상 이빨로 손톱을 뜯고 있지요. 제가 보기엔 그것 말고는 괜찮거든요. 스님께서 인욕바라밀 수행 시작할 때, 소원표에 아들 입으로 손이 안 가게 해주시고 저는 평생 일주일에 한 번 화장실 가는데 매일매일 가게 해주십사 하구요. 그런데 다음날부터 아들이 손톱 안 뜯었다고 자랑합니다. 그래서 모른 척하고 갑자기 왜 그랬냐고 물었더니 가장 친한 매일 같이 다니던 친구가 손톱을 뜯지 말라고 하더래요.

얼마나 신기하던지… 사실은 저도 다음날부터 지금까지 매일 화장실 가거든요.

"부처님! 감사합니다"가 절로 나옵니다. 저희 신랑은 사람이 좋아서 회사의 상사들로부터 사랑을 많이 받는 편인데, 그걸 시기 질투하고 모함하는 사람이 있어서 힘들어 했지요. 축협이 직장이다 보니 실적 때문에 스트레스도 받고.

그래서 2년이 넘도록 소원표에다 신랑이 직장에서 원하는 대로 이루어지게 해달라고 했지요. 어느 순간 보니 회사일이 저희 신랑 중심으로 돌아가고 있더라구요. 원하는 직원들을 밑으로 발령 받아서 일하기가 너무 수월하답니다.

또 딸과는 앙숙이었는데, 스님께서 지켜보고 기도만 해주라고 하셨는데 복이 없어서 그런지 그렇게 안 되고 딸만 보면 싸우게 되더라구요. 두 달 남겨 두고 자퇴한다고 하고, 머리 아프다고 한 달 입원하고, 엄마하고 싸우다가 욕하고 몸싸움도 해서 한 달 반을 모르는 사람처럼 살았답니다.

졸업하고 나서 공양 올린 후 두통도 낫자 미안하다며 사과도 해서 지금은 사이가 좋아졌고, 직장도 잘 다닙니다. 딸과 힘들 때 거의 두 달이나 새벽기도가 잘 안 되었는데, 눈으로라도 한 독 하고 넘어가고 부처님께 삼배하고 딸쪽을 향하여 삼배를 9월부터 지금까지 하고 있지요.

매주 절에 가서 화장실 청소하면서 "딸과의 업을 빨리 소멸시켜주세요!" 기도하는 마음으로 청소를 합니다. 어느 순간 "딸이 부처님이었구나!" 딸이 아니었으면 내가 부처님과 법안스님을 만나지 못했을 텐데 싶더라고요. 그래서 딸아이가 고맙게 생각되더라고요.

지금은 스님 말씀대로 지켜보고 기도해 주고 있습니다. 역시나 불보살님들은 소원을 다 들어 주십니다. 가족이 편안하고 건강하니 행복합니다. 항상 저를 보고 웃어주시는 지장보살님 감사합니다. 법안스님! 어떻게 살아가야 할지 알려주셔서 감사합니다. 늘 힘이 되는 공양간 법우님들 감사합니다.

2018. 11. 07. /1708

# 부처님께 진정으로 귀의

저는 철저히 기복신앙자로서 기도하는 것도 제가 잘되기 위함과 저희 가족이 잘 되는 것을 위해서입니다.

하지만 완전히 믿는다는 게 쉬우면서도 어려운 문제였습니다. 무늬만 불자인 게 싫었으며 돈이 없는 제게 물질 충만 주시는 부처님을 만나고 싶었지요. 기도하며 깨달은 사실은 지장경에서도 본인의 귀하고 아끼는 모든 것을 부처님께 공양했다는 사실입니다.

그렇담... 나는 무엇을 가장 아끼나? 고민한 결과 바로 돈이었습니다. 그래서 적든 크든 모든 물질의 10%를 부처님께 드리기로 마음먹었지요. 희한한 사실은, 워낙 없던 터라 그 마음은 온전히 물질을 주시는 주체, 즉 부처님만 믿겠다는 온전한 마음뿐이었고 신기하게도 부처님의 테스트가 있었습니다. 모든 물질의 10%를 감사공양으로 하겠다고 마음먹은 후. 바로 남편이 어디서 돈이 들어왔다며 5만원을 이체해 주었으며 그것의 10%인 5,000원을 이체하였지요.

그러다 남편이 더 큰 돈을 주자 살짝쿵 계산하기 시작하였습니다. 그때 매일 출퇴근길에 유튜브로 듣던 법안스님의 법문이 꼭 옆에서 속삭이듯이 귓가에 들렸지요. "부처님이 주셨을 때 복을 쌓아! 나중에 후회 말고~" 그 소리에 저는 "그래! 어차피 없는 돈 감사합니다" 하며 또 이체를 했었지요.

신기한 건 사실 그만 둔 회사에서 급여 체불로 현금이 없는 매우 힘든 상황이었으나, 현재 다니는 회사의 급여일이 곧 다가오니 예전처럼 슬프거나 우울하지 않았죠. 부처님께서는 희한한 식으로 또 용돈을 주셨습니다. 회사에서 지난달 목표 달성도 130%에 대한 성과급까지 챙겨주신답니다.

또한 안심정사 카페의 칭찬하기 릴레이에 당첨까지 되어서 커피와 필통, 초콜릿 등 너무나 풍성하게 부처님께서 채워주심에 더할 나위 없이 감사할 뿐입니다. 이젠 기복이 아닌 부처님에 대해 점점 알고 싶어졌습니다. 요즘 지장경을 읽으면서 이면지에 마음에 꽂히는 문구를 쓰기도 하고요. 이해가 안 가는 부분은 여러 차례 읽는데요. 정말 매일 다른 해석과 다른 깨달음을 주시는 것에 감탄 또 감탄입니다.

끝이 없는 사랑으로 보살펴 주시는 부처님께 감사합니다.
불보살님께 감사합니다.
저의 선지식인 법안스님 감사합니다.
안심정사 법우님 너무나 감사합니다.
깊은 깨달음 주심에 감사합니다.
더욱 더 겸손하며 열심히 정진하겠습니다.

논산 본찰 지장보살님께 감사공양 올립니다.

2018. 02. 03. / 1393

# 제 얼굴이 예뻐졌어요

언젠가 법안 큰스님께서 "얼굴이 예쁘게 생기지 않아서 고민하던 분이 열심히 기도하여 예쁘게 되었다"는 법문을 하셨습니다. 마음이 편안해지고 공덕을 쌓으니 "얼굴이 편안해지면서 예뻐졌나 보다." 라고 생각했는데, 그 또한 맞는 얘기이지요? 여기에다 제가 느낀 소견을 말씀드리고 싶습니다.

지장경 독송을 한 지 일주일 후쯤인가? 지장경 제6품 8절, 세존께서 "보광보살이여, 추하고 병이 많은 어느 여인이 자신의 모습을 싫어하여 지장보살의 형상을 밥 한 끼를 먹는 동안만이라도~~" 이 부분을 독송 중에 문득 나이가 들면서 행하면 좋은 몇 가지의 일 중에 '책읽기'가 생각났습니다. 물론 왜 좋으냐가 생각나더군요.

 첫째, 사람은 나이가 들면서 흉식호흡을 하며 짧은 숨을 쉬게 되는데 독송을 하면 복식호흡을 하게 되니 숨이 길어져서, 전 처음 독경 때보다 지금이 훨씬 중간에 숨 쉬는 간격이 길어진 것을 느낍니다. 그리고 요가운동 시 복식호흡으로 인해 뱃살이 빠졌는데 이 또한 도움이 되겠구나 생각이 들었답니다.

 둘째, 또 나이가 들면서 우리 성대도 노화되어 목소리도 늙게 되니, 노래를 꾸준히 하거나 목청 높여 소리 연습을 하면 좋다는 말이 있듯이 우린 독경으로 인하여 두 시간 가량 소리운동을 하니 목소리도 관리되어 또 좋지요.

 셋째는, 얼굴 운동입니다. 얼굴의 주름이나 탄력을 유지하기 위하여 하는 여러 가지 운동 중에 광대뼈 주위를 눌러 경락도 하고, 입을 크게 벌려 "아, 에, 이, 오, 우"를 하면 좋다고 그러지요. 제가 독경을 하면서 느낀 것인데 "지장보살"을 정근할 때는 '이' '아' '오' '아'가 계속됩니다. 이 발음할 때는 입모양이 입꼬리에서부터 광대뼈 쪽으로 많이 운동되는 것을 느낍니다.
 관세음보살님께는 좀 죄송한 얘기인데, ㅋ '관세음보살' 발음 시엔 그렇게 입꼬리가 많이 안 올라가지요. 해서 제가 얼굴

경락을 많이 해본 시간들보다 매일 두 시간씩 입운동을 하였으니… 얼굴 전체 운동으로 인해 나이가 들면서 더 불거지는 광대뼈 쪽의 근육들이 풀어지는 것을 느꼈습니다.

지장경 독송 100일.
며칠 전부터 제가 보기에 얼굴이 거울을 볼 때마다 예뻐 보이는 것입니다. 팔불출인가? 생각도 해보았지만 친구한테서도 같은 말을 들은 터라 아마도 제 소견이 맞지 않나 싶습니다.

법우님들! 지장경 독송 중에 열심히 집중하여 기도는 안 하고 뭐 쓸데없는 잡념이냐고 흉보실까 봐 글을 망설이다가 재미 삼아 그냥 가볍게 읽어들 보시라고 감히 올렸습니다. 순전히 제 개인적 의견입니다. 읽어 주셔서 감사합니다.

아! BTN에 우리 큰스님께서 나오셨네요.
전 이만 공부하러 갑니다.
법우님들~~ 사랑합니다. ♡♡♡

2018. 06. 16. / 1536

# 동참축원기도 공덕

　　5월 집중산신기도, 6월 집중산신기도 계속 참석은 못하고 기도비만 냈지요. "참석 못해도 공덕은 같다"라는 말씀에 위안 삼으며, 평소 지장경 독경도 엉성하게 얼렁뚱땅 게으름 피우며 새벽기도도 대충 대충. 그러나 집중산신기도는 꼭 논산 가서 하고 싶은데 직장을 다니는 관계로 참석도 못하고 무척 아쉬웠지요.

　　5월기도 때와는 다르게 이번 기도는 자다가도 자꾸 기도확인하게 되고 빨리 속성 가피 받고 또 가피체험도 올리는 주인공이 되고 싶은데 언제 될까? 그런 때가 나한테도 오겠지, 올 거야! 참고로 저는 부동산 일을 합니다. 6월 16일 매매계약 손님이 오겠다고 계속 통화하면서 기다렸는데 웬걸 도착시간에 전화도 안 받고 결국 물 먹었습니다. 차라리 약속이나 말지. 괜히 희망 고문만 시키고.ㅠㅠ 그런데 이게 기도 가피 맞죠?

울적해 있는데 친구가 집 구해 달래서 물건 찾아 공동중개로 부동산 갔는데 그 자리서 맘에 든다고(아직 입주 전 아파트라 동·호수·가격만 적당하면 계약하는 시스템) 낼 계약하자 하니 우와 이게 꿈이야 생시야. 하지만 낼까지 일이 틀어져서 계약 못하면 어쩌나 불안. 도장 찍기 전까진 안심 못하는 게 부동산 일입니다. 일요일 무사히 계약. 부처님 감사합니다.

월요일 집 보고 화요일 계약. 수요일 집 보고 목요일 계약. 이때까지도 어안이 벙벙했지만 가피 맞다고 확신하면서도 글 올리기 주저. 토요일 또 계약하면 그땐 정말 가피 체험담 올리자.^^ 어제 금요일 재수불공 참석하러 양재역에서 내려 마을버스 타러 가는 길에 띠링띠링 전화… 통화하니 매매문의 손님, 근데 제가 아는 내용만 물어보시니 상담하기 너무 좋았어요.

상담 중 답변이 미숙하면 손님은 떠나죠. 그런데 이 손님 내일 오시겠다고 하네요. 반신반의하면서 기다렸는데 가족 총출동해서 네 분 오셨어요. 뭔 정신으로 자신감있게 브리핑을 했는지. 결국 계약서에 도장 찍고 가셨어요. 일주일에 계약서 4개

총 거래금액 41억 6천만 원. 저의 수입금액이 아닙니다. 착오 없으시길. ㅋ

너무 너무 감사합니다. 저번 주 토요일 매매손님 기다리다 뺏겨서 속상했는데(월욜 문자로 계약된 거 알려드리니 바로 전화해서 그거 계약한 사람이 자기라고.ㅠㅠ 차라리 몰랐으면 그냥 잊는 건데 ). 하지만 부처님께서 가장 좋은 때 가장 좋은 걸 주신다고 한 말씀이 맞았어요. 이제 기도 게을리 하지 않겠습니다. 불보살님 감사합니다. 법안스님 고맙습니다. 6월 3일 논산 본찰서 남편 인증샷 허락해 주셔서 감사합니다.

법우님들 두서없는, 어찌 보면 오버하는 거 같아서 두렵기도 하지만 법안스님께서 크든 작든 무조건 글 올리라고 하신 말씀이 생각나서 용기 내어 저도 가피담 주인공이 되어보려 합니다. 감사합니다.

2017. 12. 24. / 1364

# 감사공양은 구두쇠 지갑도 열어

저는 스님의 법문에 등장하는 장애(?)를 가진 사람입니다.

손가락을 쥘 줄만 알지 펴지 못하는 장애. 무슨 말인지 아시지요.

제가 2009년 실업자가 되고 몸이 많이 아프면서 수입이 없었고, 나라에서 지급하는 실업급여와 최소의 퇴직금으로 4식구 생활하다 보니…(남편도 당시 불안장애로 일을 못했어요) 구두쇠 아닌 구두쇠가 됨은 물론 이후 돈에 대한 과도한 소중함을 깨닫게 되었다고나 할까요.

충동구매나 과소비를 막기 위해 모든 신용카드 해지, 체크카드 해지, 인터넷 뱅킹 해지, 지갑에는 신분증과 3천원만 넣고 다녔습니다. 그 3천원도 오랫동안 쓰질 않아서 나중에는 지갑에 3천원이 들어 있는지도 잊어버릴 정도였습니다.

2010년부터 우리 집 생활은 제가 새로운 직장을 얻고 남편도 다시 일을 하면서 한 달 실업급여 받을 때보다 좋아졌지만 저의 그 습관은 크게 달라지지 않았습니다. 최근 안심정사 금요재수불공에 처음 방문했을 때도 진땀을 뺐습니다. 퇴근이 늦어 8시 넘어 도착한데다 법안스님께서 법문을 마치시고 뭐라고 하시자 다들 봉투를 하나씩 들고 줄을 서는데 앞이 깜깜했지요.

### 🏵 지갑 속 2천원 전부를 내놓고 부끄러웠던 기억

슬쩍 옆 법우님들을 보니 다들 초록색을 넣는데 제 지갑에는 딱 2천원 있었거든요. 돈이 적은 것도 그렇지만 그것을 어떻게 남들 눈에 안 보이게 봉투에 넣느냐가 문제였죠. 법당이 더운 건지 내가 부끄러워서 더운 건지… 손에 땀이 나고 쥐구멍이라도 있으면 들어가서 얼른 넣고 나올 텐데… 일단 넣으면 얼만지 모를 테니까 생각하며 맘속으로 '정말 못났다. 못났어'를 백 번도 더 말하고, 우여곡절 끝에 2천원을 넣긴 넣었습니다.

이런 이야기를 하는 이유는 2천원 사건의 주인공인 제가 지난 12월 22일 금요일 재수불공일에 감사공양을 올렸다는 말씀을 드리고 싶어서입니다. 그리고 그 결과에 대해 알려드리고 싶기 때문입니다. 부부가 직장인이다 보니 솔직히 정해진 급여 외에 수입을 기대하긴 어렵습니다. 하지만 11월부터 남편이 부업을 하게 되었고 정해진 수입 외의 돈이 생기게 되었습니다. 그 돈이 통장에 찍히자마자 감사공양을 올려야겠다는 생각이 제일 먼저 들었습니다.

사실은 생각만큼 실천이 쉽지 않았지요. 그 돈이면… 이라는 미련이 자꾸 제 뒤를 잡아끌고 있었거든요. 이러다 또 영영 못하겠다 싶어 하기로 결심하고, 얼마를 할까 고민하다가 10%로 정했고 그 10%에 내 급여 외의 인센티브와 어머니가 주시는 용돈까지 포함시키기로 했습니다.

금요재수불공일에 지장보살님 전에 감사공양을 올렸죠. 그리고 오늘 크리스마스 선물처럼 통장에 감사공양 올린 돈의 몇 배 되는 돈이 입금되었습니다. 남편의 부업이 이런 식으로 돈이 며칠마다 들어오는 게 아니어서, 물어보니 "기대치 않았는데 예약 고객이 생기더라" 감사하면 감사할 일이 계속 생긴다는 것이 이런 건가? 절로 감사하는 마음이 생기더군요.

이번에도 역시 10%를 감사공양으로 올릴 생각입니다. 다른 법우님들도 비록 큰 금액 아니더라도 감사공양 올리기를 권합니다.

부처님께 감사드리며,

지장보살님께 감사드리며,

감사공양에 대해 법문해 주신 법안스님께 감사드립니다.

2018. 05. 30. / 1509

# 빚 갚게 해 준 딸과 손녀

작년 중국 대비사 관세음보살 모시고 갈 때. 임신이 늦은 딸과 동행하며, "꼭 귀한아기 갖게 해 주십사!"라고 들어 누울 생각을 하고 갔습니다.(종교가 다른 딸도 간절하게 기도하는 눈치였습니다)

첫 번째 기적은, 두 달 후 자연 임신은 아니지만 인공 수정으로 임신한 소식입니다. 그날부터 금요재수불공 때마다 감사 공양 올리고 직접 딸아이가 향 공양과 쌀 공양을 했습니다.

우연인지 딸아이가 친정에서 머물게 되어 지장경 독경하고 소원표 읽는 모습도 보여 주었고, 49일 동안 태중의 아기를 위해 약사경을 직접 배를 쓰다듬으며 독경해 주었습니다. 시간이 지나 순산은 아니고 수술로 손녀를 출산해 지금 35일째입니다.

둘째 기적은 자장자장 하는 자장가를 저도 모르는 사이에 '지장보살, 지장보살'하고 있었고, 용을 쓰던 아기는 저를 올려다보며 조용히 듣고 있는 듯 했습니다. 매번 울 때마다 염불을 지장보살 석가모니불 약사여래불을 해주면 가만히 쳐다보다 스르르 잠을 잔다는 겁니다. 음치인 저로서는 너무나 신이 나서 염불을 하고, 잘 때 지장경도 함께 읽고 있습니다.

산후조리하는 딸은 고기 미역국도 먹지 않고 거의 채식과 들깨가루 미역국과 참기름 미역국을 먹고 있습니다. 고기 미역국도 아닌 미역국을 잘 먹어주는 딸과 염불과 독경을 하면 들어주는 손녀가 고맙고 감사합니다. 빚 받으러 온 딸과 손녀를 위해 지장경과 약사경 독경하고 방생하고 인등 밝히고, 완전 채식은 아니지만 미역국 먹어주는 딸에게 빚을 갚을 수 있게 되어 기쁘고 감사합니다.

부처님 명호와 보살 염불이 자장가를 대신할 수 있다는 것도 알게 되었습니다. 지장경을 만나게 되어 경전에 나오는 대로 기도했고 그 기도가 이루어진 것 더 감사합니다.

큰스님! 감사합니다. 사랑합니다.

2018. 05. 28. / 1503

# 기도와 가피

    오늘 일요법회날 법당에 들어서니, 예쁘고 명석해 보이는 어느 젊은 법우님이 봉투 석 장을 들고 저에게 다가왔지요. "제가 잘 몰라서 그러는데요…" 하며 5월 8일 처음 안심 정사에 와서 지금까지 소원 3개가 이루어졌다며 부처님께 공양을 올리려고 한다고 하였습니다.

    석가모니 부처님께는 관음보살님 불전함에 넣고(강남도량 상단 가운데는 불전함이 없습니다), 지장보살님은 지장보살님 불전함에, 영단에 올리는 봉투는 신중단 불전함에 넣으라고 알려주었지요. 소원이 그 짧은 기간에 3개나 이루어졌다는 말을 듣는 순간 저의 딸같이 예쁘고 반가워서 손을 잡았는지, 안아줬는지 기억이 나지 않습니다.

계속 그 법우님이 어찌나 고맙고 대견해 보이는지 '산회가'가 끝나는 순간, 제가 법우님 손을 꼬옥 잡고, 법사님께 이 기쁜 소식을 말씀 드렸더니 법사님께서 너무 반갑게 웃으시며 기뻐하셨어요. '산회가'를 부르던 법우님들도 모두 축하를 해 주셨고, 안심카페에 글을 꼭 올리겠다고 그 법우님이 약속을 해주었습니다.

엊그제 금요 법회날 양재역에서 버스에 오르니, 저를 부르는 소리가 들리며 환하게 웃고 있는 우리 멋진 쭉쭉빵빵 미인 법우님~ 그런데, 이 할매가 보니, 근래 썬텐을 많이 한 것 같아서 물어보니 수줍어하며…

"제가 햇볕에 좀 많이 탔어요"
"어디 더운 나라로 여행 다녀 오셨수?"
"사실은 제가 원 없이 마음껏 골프를 치게 해 달라"고 지장보살님께 기도했더니, 그게 이루어져서.
"정말 앞으로 연차 낼 날짜가 없을 정도로 정말 원 없이 골프 치러 다녔어요."하며 너무 행복하게 웃는 겁니다.
한국에서는 두 명만으로 라운딩하기 어려운데. 일본에서는 두 명이라도 OK. 미세먼지 걱정 없이, 국내의 골프장 가듯이 아주 가깝고 부킹이 쉬운 일본의 그린이 우리 법우님을 구릿빛 미인으로 만들어 주었나 생각이 들었습니다.

예전에 "나는 90을 깨려고 몇 년을 노력 했는데… 어디 좀 물어보자 ~"

"법우님! 아무리 원 없이 골프 치게 해주셨다 하더라도, 타수는 좀 어때요?" 배시시 웃으며 "80대는 됩니다. 이상하게 너무 잘 맞아요."

"저도 놀랐어요."

"원 없이 골프를 치게 해 주세요," 이 기도에 더블 플러스까지 주신 지장보살님 !!! 골프 라운딩에 타수 까지? 그 말을 들으니 정말 저의 입이 다물어지지 않았습니다. 우리 멋진 법우님의 스윙 폼을 제 머리에 그려 봅니다. 완벽한 체형과 노력이 기도의 힘과 삼위일체로 포물선을 그리며 푸른 하늘을 가르는…

청소년기에 이런 기회가 법우님께 주어졌더라면 LPGA 여느 여왕을 부러워했을까요? 정말 멋진 우리 여법우님께 박수를 보냅니다. 고맙습니다.

2017. 09. 02. / 1296

# 성취의 공덕 나누라는 말씀

지난번에도 호주의 남동생에 대한 글을 올린 적이 있었지요. 당시 동생은 남 밑에서 나와 막 오너가 되던 시점이어서 정서적으로 매우 불안해하던 때였습니다. 그때 제가 지장경을 읽으라 말하고, 세세한 부분까지 평소 듣던 스님의 법문 내용 그대로 시켰었습니다.

마음이 절박했던 동생은 시키는 대로 했고, 한 달 후 일이 잘 풀리고 있다며 제게 법안스님과 지장경을 알려줘 고맙다는 말을 거듭했었지요. 중간에 지장기도 49일 회향 때는 그날 바로 재수불공을 올리라고 했더니 그것도 제 말대로 했습니다. 그러던 어느 일요일 오후 엄마와 남편, 여동생과 함께 안심정사에 들렀다가 우연히 법안스님을 친견하게 되었습니다.

천우신조라 할 수밖에 없는 그런 기회였죠. 남동생이 혹시라도 스님을 뵙게 되면 꼭 물어봐 달라는 질문이 있었는데 이 부분에 대한 답까지 얻었답니다. 거기다 큰스님과 사진까지, 그야말로 가문의 영광인 날이었죠. 남동생에게 그 사진을 카톡으로 보내줬더니 너무나 부러워서 어쩔 줄 몰라 했습니다. 그리고 몇 주가 지난 뒤 남동생으로부터 소식이 왔습니다. 호주 시민권자 시험에 합격했다는 희소식이었습니다. 올케는 100점, 자신은 90점으로 말이죠.

시험문제가 그렇게 쉬울 수가 없었고, 면접을 하는 데도 면접관이 까다롭지 않은 것만 물어봐 너무나 수월하게 시험을 통과했다는 것입니다. 자신은 붙었지만 떨어진 사람도 많았다고 덧붙이면서요. 동생은 지장보살님 가피가 아니면 있을 수 없는 일이라며 지장보살님의 영험을 인정하지 않을 수 없다고 찬탄을 하더군요.

저는 기도방법을 가르쳐 줬지만, 사실 저보다 남동생이 훨씬 기도를 열심히 신실하게 한다고 생각합니다. 아무리 가르쳐 줘도 본인이 행하지 않았다면 오늘의 결과는 없었을 테죠. 저는 이럴 때 방심하지 말고 기도할 때 감사의 마음 담아 단돈 1만원이라도 더 올리라고 했습니다. 법안 큰스님이 당부하시던 성취에 대한 감사의 마음을 잊지 말라고 했죠. 동생은 그러겠다며 고맙다고 했습니다.

제가 이 글 올리는 이유는 자랑하려 함이 아니고 스님께서 성공사례를 법우님과 나누어야 다른 법우님들도 희망을 가지고 기도를 할 것이니 잘 되었을 때는 그 내용을 알리라고 하신 유튜브 법문을 듣고 실천하는 것입니다.

제 개인적으로도 지장기도 이후 징글징글하게 살기 싫던 옛집에서 벗어나 깔끔한 새집으로 이사하게 되었고, 제 전공과 적성에 맞지 않는 일을 하느라 힘들었는데 100% 만족하지는 않지만 제 적성과 능력에 맞는 직업도 가지게 되었습니다. 기도내용에 늘 적었거든요. 100% 좋으려면 지금 수준의 기도로는 부족했기에 그랬을 것이라 생각합니다.

### 거의 하루 종일 법문을 듣는 생활

그 외에도 작고 눈에 띄지 않을 법한 바람들도 은근히 이루어지고 있습니다. 마치 동화 속 요정이 주인공을 도와주는 것처럼. 이 모든 것이 스님의 덕분이고, 자화자찬을 하자면 쉬지 않고 스님의 법문을 들었던 공덕 덕분이라는 생각입니다. 저는 정말 회사와 집안일들 등 삶에 필수적인 일을 할 때 외에는 거의 대부분 스님의 법문을 듣습니다.

설거지나 빨래 등 집안일할 때도 운전할 때도, 심지어는 밭에 가서 일할 때도 듣습니다. 거의 스님 법문을 따라잡기 하듯이 합니다.^^ 정말 중요한 건 같은 내용도 두 번, 세 번 반복해서 들을 때마다 깨달음이 달라짐을 느낀다는 겁니다. 그리고 동생에게도 함께 듣기를 권하죠.

아침에 일어나자마자 스님의 목소리를 듣는 것만으로도 마음의 안정과 평화를 얻습니다. 스님, 그 많은 소중하고 귀한 가르침들에 다시 한 번 진심으로 감사드립니다.

2018. 08. 29. / 1632

# 진정한 기도에 대해…

저는 호주에 사는 무늬만 불자입니다.

누님의 권유로 법안 큰스님을 알게 되었고, 그 가르침으로 가정을 이끌어 가는 가장의 책임감에 매일 새벽기도를 한지 1년이 넘었지요. 지장경 기도를 시작한 이유는 단순하지만 저에겐 절실한 시기였기 때문입니다. 음악을 매우 좋아하지만, 출퇴근 20~40분 동안을 오직 스님 법문만 듣는 까닭이 있습니다.

호주에 온 지 10년 만에 개인 사업을 시작하게 되었을 때, 말이 제 사업이지 사실 모든 것을 새로 개척해야 하는 막막한 상황이었습니다. 바로 그 때 누님이 법안스님과 지장경에 대해 알려줬습니다. 저는 지푸라기라도 잡는 심정으로 기댈 곳은 오직 부처님밖에 없다고 생각하여 지장기도를 시작했지요.

　체력이 약해서 파김치가 되어 들어오는 일이 많았는데, 3년 전부턴 차가운 물건을 만지면 손에 피가 통하지 않는 레이노증후군 증세가 있어 겨울이 오는 게 두려웠습니다. 기도로 이겨낼 수밖에 없었습니다. 아침 6시면 집을 나서야 하므로 늦어도 새벽 4시에 기도하지 않으면 지장경 1독이 힘들었기에, 무슨 일이 있어도 평일엔 새벽 4시 기도를 지켰고 주말은 새벽 5~6시에 기도하면서 버티었지요.

### 완치 불가능하다는 '레이노증후근'도 지장경 가피로

　처음 몇 개월은 출근 전 2독, 퇴근 후 1독, 총 3독을 하다 보니 속독을 하게 되었습니다. 잡다한 생각과 번뇌를 이기려고 1시간 만에 지장경 완독을 하게 되었지만, 문득 오직 읽기만을 위한 독경을 하고 있는 게 아닌가라는 의구심이 들기도 했지요. 기도한 지 1년이 지난 지금은 완치가 불가능하다는 레이노증후근도 거의 완치되었습니다.

　독경 시 양반다리를 하면 언제나 오른쪽 무릎이 아파, 일어서서 읽거나 앉아서 읽곤 했으나 지금은 거뜬히 독경을 마칠 때까지도 아픔이 없습니다. 기도 항목에 넣지는 않았지만 가끔 마음 속으로 낫게 해달라고 빌곤 했는데, 어느 순간 아픔이 사라졌으니 불보살님 가피라고 생각됩니다. 개인사업을 시작한 후 저는 좋은 인연으로 우호적인 사람들과 함께 완벽한 일처리가 되기를 늘 불보살님께 기원해왔습니다.

처음 시작부터 현재까지 광고하지 않아도 일은 끊이지 않고, 경제적으로도 차츰 안정을 더해가고 있으니 기도하는 삶을 살며 지장보살마하살님 가피를 제대로 받고 있는 셈입니다. 이 모든 계기가 법안 큰스님을 알게 된 것에서 비롯되었으니 공경하며 그저 감사할 따름입니다.

기도 며칠 뒤 꿈에 몇 척 거구의 장신들이 아름다운 옷을 입고 마을을 둘러볼 때, 울타리에서 그분들을 경외하는 마음으로 바라본 장면은 지금도 선명합니다. 아마 보살마하살님들이 아니셨나 하는 생각이 듭니다. 8월 28일 아침. 독경기도 말미에 잠시 스님 앞에서 경을 읽는다고 생각하니 갑자기 울컥 눈물이 쏟아졌습니다. 마치 어머니 품에 안긴 것처럼 북받치는 감정을 잠시 느꼈지요. 아마 평생 새벽기도는 삶의 일부가 되리라 확신합니다.

끝으로 스님께 질문 올립니다.

그동안 제 급한 앞가림을 위한 기도만 해왔는데 최근 들어 한국사회의 불황과 사회적 위기, 급변하는 세계기후 등을 보며 앞으로 우리 후손들 미래는 어떻게 될지 걱정되기 시작했지요. 예측 못할 고통스런 삶이 오지 않을까 하는 우려라고 봐야죠.

자식을 위해 기도하고 있지만 정작 놓치지 말아야 하는 것은 미래의 후손들이 살 땅에서 경제안정과 세계평화가 정착되기를 위해서도 기도해야 하는 게 아닐까요? 그러나 곧 닥쳐올 일이 아니니 오직 내 앞에 놓인 앞날이 잘 풀리기 바라는 기도만 해야 하는지 그런 의구심이 들었습니다.

사적인 바람에다 좀 거창하지만 이런 기도도 함께 해야 하는 것은 아닌지 궁금합니다. 모든 불자들이 이런 소원을 합심기도 한다면 부처님께서 들어주실 수 있을지 감히 여쭙니다. 다시 한 번 큰스님께 감사드리며 언젠가 꼭 한 번 친견하기를 고대합니다.

제5장

# 삶의 질이 달라진 법우들

◎ 4수생 엄마 돼봐야 기도 맛 알지요
◎ 지장경 1000독 회향일기

# 4수생 엄마 돼봐야 기도 맛 알지요

"엄마! 꿈에 제가 대학교 합격이 취소되어서 울고불고 난리가 났어요"

 오늘 아침 작은아이의 말에 순간 가슴이 철렁하고 몇 초간 피가 멈춘 것 같았습니다. 지난 몇 년간의 일들이 떠올라 몇 자 적어봅니다. 제가 불교를 처음 접하게 된 것은 2009년, 큰아이가 재수를 시작할 때였지요. 무작정 찾아간 절에 수능 백일기도를 등록하고, 아르바이트도 관두고 기도에 올인했습니다. 북 치고 금강경을 하는데 그저 어찌나 좋던지, 뜻도 모른 채 하루 30번 이상 독경하고, 절은 천 배씩 했지요.

그런데 수능 10일 전, 마침 모의고사 성적도 잘 나와 주었기에 별 걱정 없이 관음도량에서 3천배를 마치고 귀가할 때였습니다. 아침 배가 들어오는데 간장게장용 게가 어찌나 싱싱하던지… 망 째로 사들고는 잘 샀다며 그날부터 집에서 맛있게 게장을 해먹었지요. 3일 후 또 3천배를 마치고 일부러 찾아가 게를 사왔답니다. 이게 엄청난 죄란 걸 나중에야 알게 되었지요. 시험 2일 전, 아이의 몸은 불덩이가 되어 아예 집에서 드러누웠으니…

그렇게 2010년 3수를 시작한 작은아이는 고3! 진짜 부처님이 계신다는 건지? 소원을 들어주시기는커녕 왜 이런 시련을 주시는 건지? 도저히 절에 나갈 엄두가 나질 않았습니다. 그 와중에 5월 10일, 자식 같은 여동생을 멀리 보내고 49일 동안 혼자 법당 영단에 앉아 금강경을 읽었지요. 정말 좋은 곳으로, 극락세계로 갈 수 있도록 간절하게 빌고 또 빌었습니다.

3재날 꿈, 햇빛 가득한 초록색 잔디밭에서 분홍 스웨터와 흰 치마를 입고 흔들의자에 앉아있는 동생의 모습이 어찌나 평화롭고 행복한 풍경이든지요. 6재 되는 날엔 동생 모습은 보이지 않았지만 분홍 신발이 크게 보이면서 동생이 신고 갈 신발이라 했습니다. 꿈에 본 그 비슷한 신발을 사서 산소에 가서 태워주었지요.

그리고 몇 달 후, 관세음보살님같은 어렴풋한 동생의 모습을 보고난 후 마음이 편안해졌습니다. 영가를 위해 금강경 독경을 했기에 좋은 곳으로 갔으리라고 생각할 정도로 믿음이 강해졌습니다. 영가와 교감이 된 듯.

이제 다시 수능기도를 시작하면서 화엄경약찬게, 다라니에 집중했습니다. 10월 말 쯤 꿈에 부처님께서 신중전을 향하지 말고 관세음보문품을 하라 말씀하시는 현몽을 받고, 잠자는 시간도 줄여가며 기도했지요. 정말 합격을 확신하며 원서를 넣었는데, 큰아이는 원하는 대학에 또 갈 수 없었습니다. 작은 아이마저 떨어지고, 3점이 더 낮은 친구는 다른 대학에 합격한 사실을 알고 크게 깨달았습니다. 같은 점수라도 원서를 얼마나 잘 쓰느냐에 따라 달라진다는 것을!

### 2011년. 큰아이는 4수생, 작은아이는 재수생.

"엄마, 제가 취직은 빨리 할게요!"라는 큰아이에게, 괜찮아. 빨리 핀 꽃은 시들기만 기다리지만, 넌 이제 꽃망울이니 그만큼 희망이 있잖니? 라며 파이팅을 외쳤습니다. 우린 이렇게 또 다시 익숙해져버린 수험생의 일상을 살아갔지요. 어느 날, 사시 합격시킨 보살님이 작년 수능 후 주신 지장경이 문득 생각났습니다. 꼭 읽어보라던 말씀…

처음으로 지장경을 여동생 기일에 맞추어 21일간 법당 영단에서 읽던 중, 법안스님 법문을 TV로 잠깐 들었습니다. 스님께서 관세음보살 염불로 결핵을 완치시켰다는 내용에 마음이 아팠습니다. 진작 스님을 만났더라면, 여동생도 그렇게 허망하게 보내지 않았을 텐데라는 죄책감에 인터넷으로 모든 법문을 들었습니다. 지장경이 초보자에게도 적합하고 가장 빠르다는 말씀에 귀가 번쩍 뜨여 낮이고 밤이고 읽었지요. 새벽기도는 아직 엄두가 나질 않아 새벽기도 할 수 있는 의지력을 갖게 해달라고 소원표에 적기만 했습니다.

6월 12일. 처음으로 봉정암을 다녀온 후 용기가 나서 새벽기도를 시작했지요. 새벽엔 지장경 1독, 지장보살 염불 만 송을 하고 낮에는 관음기도를 열심히 했습니다. 이때부터는 자면서도 기도하고 있었습니다. 그러던 중 8월 말쯤, 법안스님을 친견했습니다. 친견 이틀 전 꿈에, 수많은 사람들이 기도하러 간다고 줄을 서 있었고, 저도 줄을 서서 기다리다가 맘에 든 참게를 무거우니 그 도반에게 받아달라고 줘버리고 깨어났지요. 뭔가 예감이 좋았습니다. 그러나 두 아이 모두 수시는 3개 대학 합격 카드가 안 나온다고 하셨습니다.

지장경 읽고 무슨 꿈 안 꾸었느냐? 물어보시기에 뭔가 해결해야 할 꿈같았던 며칠 전 꿈을 말씀드렸지요. 갓난아이 10명 정도가 양쪽으로 나란히 누워 자는데, 햇볕이 쨍쨍 내리쬐고 얼굴엔 땀이 가득하고 입을 벌린 채 자는 모습이 모두 똑같았다고… 아이들 사주를 보시며 왜 안 되는지를 설명해주셨는데 공감이 되었습니다. 스님께서 불공을 드리자 하셨고 그 다음 토요일만 간신히 비어있어 서둘러 불공을 드렸지요.

이틀 후, 꿈에 제가 막걸리를 열 몇 병을 들고 산길로 올라가서 양쪽으로 쭈욱 놓았습니다. 누군가 이미 막걸리를 놓고 갔었고, 저는 어떤 남자분에게 잘 지켜 달라 부탁하며 술도 따라 마시라 하고 산길을 내려왔습니다.

9월 하순, 봉정암에 두 번째로 갔습니다. 버스에서부터 묵언을 하며 기도만 했습니다. 올라가는 길에 경치도 보지 않고 혼자 그저 묵묵히, 관세음보살 염불만 하며 올라갔습니다. 철야를 마치고 내려오는 길에 소나무, 바위 하나하나를 붙잡고 얼굴을 부비고 절을 하며 저 좀 살려주시라고 빌었습니다. 이틀 후 꿈에, 봉정암 가는 길 커다란 바위가 있는 곳에서 높은 하늘 아래 바위까지 올라가야 하는 상황이었습니다.

그 높은 곳에서 보살님이 저를 두 번째로 들어 올려서 그 곳으로 올려주시더니, 저까지만 올라오고 다른 사람들은 돌아서 오라고 했습니다. 아! 분명 합격 꿈이다! 그런데 두 아이 중 누가 합격된다는 건지, 왜 꼭 두 번째여야 했는지 답답하기만 했습니다.

수능 3일 전, 새벽 지장보살 정근 후 잠깐 졸았는데, 법안스님께서 과일을 올리라 하십니다. 수박이 보였기에 서둘러 수박을 올렸습니다. 수능 다음 날 새벽기도 후, 꿈에 서울법당 영단 오른쪽에 커다란 접시에 조상님을 위한 음식이 3단으로 차려져 있고, 어떤 보살님이 커다란 목소리로 '좋겠어요!'라고 하셨습니다. 뒤에서 저를 감싸 안으면서… 꿈에서 깨자 부러워한다는 걸 느꼈습니다.

수시는 둘 다 안 되었습니다. 꿈에 스님께서 논산 안심정사에서 수험표 두 장을 보내셨습니다. 사인을 하느라 좀 늦게 보내셨답니다. 수험번호가 또렷하게 적혀있는 꿈, 그럼 늦는다는 게 정시를 말씀하신 건가?…

생전 본 적 없던 이과 배치표를 받아왔습니다. 저녁에 잠이 오질 않아 밤새 깨알 같은 글씨가 가득한 이과 배치표를 읽어 내려가다 문득, 큰아이를 교차 지원시켜야겠다는 생각이 퍼뜩 들었지요다. 확! 새벽 3시의 깨달음. 교차지원! 왜 이런 제도를 알려고 하지 않았을까? 왜 여태 눈앞의 세 대학만 바라보며 3년을 달려왔을까? 모두가 어리석었다는 깨달음이 드는 순간이었습니다.

### ■ 둘 다 원하는 대학에 정시 합격

정시 원서를 쓰기 위해 스님과 상담하니… 큰아이는 A대학 제일 센 과에 합격할 것이고, 작은 아이는 B대학과 C대학 중 B대학의 최고 학과를 넣으라고 하셨습니다. 둘 다 합격카드가 나온다 하셨지만, 아이들 모두 경쟁률도 높은 최고학과를 쓴다는 게 불안하니 차라리 안정적으로 지원하는 게 어떠냐 했지요. 하지만 저는 스님의 확신에 찬 눈빛을 믿었기에 밀어붙였습니다. 엄마만 믿으라고! 스님이 보통 스님이 아니라고!

큰아이는 지금 A대학 4년 장학금을 받고 다닙니다. 졸업과 동시에 취직이 보장되고, 군대 문제도 해결되는 학교라 정말 잘 선택했다고 큰아이는 말합니다. 이제 주변 사람들에게 자신을 공개해도 좋을 것 같다고. B대학에 합격한 작은아이는 요즘 과외자리를 알아봅니다. 용돈이라도 스스로 해결하겠단 말이 기특하지요. 큰아이 교차지원을 했던 것도, 그런 지혜를 갖게 되었던 것도, 여동생을 위해 조금이나마 공덕을 지었기에 도움 받았다고 생각됩니다. 조상님과 영가님들에게 정성을 다해야 한다는 것을 느꼈습니다.

아이들 합격 후에도 4년 후 취직을 위해서 새벽기도를 계속한답니다. 기도는 저금하듯 해야 한다는 걸 뼈저리게 체험했기 때문이지요. 이제 논산 안심정사에 기념식수를 합니다. 나무 같은 내 두 아이를 위해 될 성싶은 나뭇잎이기에, 뿌리가 깊은 나무로 잘 자라줄 거라 믿습니다.

그동안 수시로 기도 부탁드린다고 졸라대도 싫은 내색 한 번 없이 기꺼이 기도해 주신 스님께 다시 한 번 두 손 모아 감사드립니다.

# 지장경 1000독 회향일기

카톡방 메시지 격려로 시작한 새벽기도

지장경 1독에 10만원 주며 시작한 딸의 새벽기도

새벽시간 해외여행 비행기에서도 지장경 독송

생각 없이 죽였던 개미까지 업보임을 알아

감사한 마음이 모든 것을 이해하게 돼

인과를 깨달으니 모든 생명에 대한 연민도 생겨

2015년 8.22일 법안스님을 뵙고 지장경을 읽기 시작한 평범한 사십대 후반 주부입니다. 새벽기도란 게 좀처럼 쉬운 일은 아닐듯하여 몇몇 도반이 카톡방을 만들어 새벽에 카톡방에서 인사하고 서로 독려하며 지장경 새벽기도가 시작되었습니다.

20대부터 불교가 좋아서 절에 다니며 삼천 배도 해보고, 여러 가지 기도와 사경도 해보면서 불보살님 가피를 많이 입었지요. 하지만 혼자서 기도하다보니 중간에 멈추기도 하고 꾀도 생겨 얼마가다 보면 쉬고 멈추기가 일쑤였습니다. 항상 맘은 부처님을 향했지만, 놀고 싶고 쉬고 싶은 갖가지 유혹과 집안일로 잊고 지낼 때가 많지요. 급하면 부처님 찾다가는 여유로우면 기도해야는데… 하면서 허송세월한 시간이 너무 많았습니다.

스님 뵙던 첫날. "스님! 저는 항상 기도 할 때 일체중생 이롭게 하도록 성불하게해주세요 합니다." 했더니 법안스님 대뜸 "뭘로 이롭게 할 건데?"하시는 말씀에 뒤통수를 한방 맞은 듯 했습니다. '그래 뭘로 하지…' 부끄러웠습니다. 일단 기도를 시작해보기로 했지요.

### 카톡방 메시지 격려로 시작한 새벽기도

첫날부터 시작된 기도는 지장경을 한 독 하는데 한 시간 반이 걸렸지만, 새벽에 일어나는 게 힘들어서 그렇지 지장경 기도는 읽기만 하면 되었습니다. 그것이 저에게는 가장 큰 매력이었습니다. '읽기만 하면 된다니… 읽어보자' 새벽마다 울리는 알람소리와 서로를 지켜보는 카톡방 메시지는 대단한 힘이 되었지요.

　누군가가 일어나지 않는 거 같으면 심지어 전화까지 해주면서 기도는 이어졌습니다. 저의 소원목록도 처음엔 몇 개가 되지 않았지만 점차 늘어나 13개까지 되더군요. 그렇게 기도를 하던 7일째 꿈을 꾸었는데 쪽진 머리에 왠 낯선 할머니가 저를 보고 데려가 달라고 했지요. 원래 꿈이 없어서 참 희한하다 생각하고 카페에 있는 지장경 기도 사례나 영험담을 보고, 지장경 기도가 조상님들께 많은 도움이 된다는 것을 실감하며 계속 이어나갔습니다.

　거의 매일 꿈을 꾸었습니다. 포도송이를 버렸는데 그 속에 애벌레가 바글거리는 꿈, 돌아가신 친정아버지가 보이는 등등… 하지만 꿈보다 더 마음을 세차게 때리는 것은 지장경의 내용이었지요. 착하게 살면 되지 설마 했는데 하루하루 가슴깊이 박히는 인과의 업보가 너무나 무섭고 두렵고 안타까웠습니다.

　지장경을 읽다가 슬퍼서 울고, 지은 죄가 두렵고 어리석었던 지난날이 후회스러워 울고, 걸핏하면 울면서 읽었던 적도 많았습니다. 인과에 대한 분명하고도 확고한 인식이 생기면서 저 자신의 생각과 행동에 관찰을 많이 하게 되었지요. 21일씩 기도를 회향하면서 법안스님께 여쭈어보면 "잘하고 있어!"라고 격려해 주셨습니다.

'망고님의 지장경 1000독 수기'를 보며 처음엔 엄두가 안 났는데, 해보니 은근히 할 수 있다는 생각이 들고 또 나 자신의 의지를 알고 싶기도 하여 감히 1000독에 도전해 보기로 했지요. 도반님들의 격려도 있어서 하루 1독씩 하던 기도를 새벽에 2독, 3독 나중에는 주말에 하루 종일 앉아서 최고 13독까지도 해보았습니다.

새벽기도는 당연하고 보통 새벽에 3독에서 5독까지 하고 아침밥을 하며 하루를 준비했습니다. 낮에 회사 일을 하고 시간이 나면 지장경을 또 읽으면서 신이 났습니다. 졸리면 걸으면서 하고 마당에 나가서 해 뜨는 것을 보면서도 하고 온몸을 스트레칭 하면서도 해보고 정말 열심히 했지요. 함께 한 도반들이 매일 지켜보기에 더욱 열심히 할 수 있었고, 가족들도 지켜보기에 열심히 할 수밖에 없었습니다. 자녀들의 눈이 무서웠지요.

한여름에 덥기도 하여 바닷가 놀러가기도 하고 많은 친구들이 불러내기도 했는데, 저는 기도 시작하면서 "친구들이 저 좀 불러내지 않게 해달라"고 불보살님께 원했습니다. 신통하게도 친구들이 하나같이 바빠져서 누구도 저를 불러내지 않았지요.

### 🔸 지장경 1독에 10만원 주며 시작한 딸의 새벽기도

저는 아이들에게도 기도를 권했는데, 지장경 1독에 10만원이라니 대학생 딸이 먼저 지장경기도를 시작했습니다. 그렇게 새벽기도를 세시에 시작하면 복학준비 중 밤늦은 알바를 하던 아들이 와서 깨워주기도 하며 같이 지장경기도를 했지요. 졸거나 새벽에 조금 늦게 일어나면 어김없이 깨워대는 무서운 아들이었습니다. 어릴 때 만화로 된 지장경을 읽고는 그때부터 무서워 나쁜 일을 잘하지 않았다는 두 아이들. 이젠 지장경을 스스로 읽는다는 것이 참 고마웠죠.

제 기도 목록에는 아들이 밤늦게 일하는 알바를 빨리 그만두었으면 하는 게 있었습니다. 얼마가지 않아 아들은 밤늦은 알바를 그만두게 되었고, 소원표는 빠르게 이뤄져갔습니다. 하다못해 딸의 방청소와 독서와 학교실습 시 좋은 곳에 배정도 뜻대로 되었지요. 더욱 신통한 일은 15년 전 교통사고가 있었는데 까마득하게 잊고 있었던 가해자가 나타나 합의금으로 200만원을 받게 되었습니다.

그 돈을 모두 자라방생과 만선공덕회에 회향했습니다. 지방에 사는 관계로 매주 재수불공에 갈 수는 없지만 시간이 되면 방생과 법회에도 참석했습니다. 철야기도를 할 때도 참석을 두 번 했었는데 안심정사 신도님들이 그렇게 열성적으로 기도하는 모습에 맘이 뭉클하며 눈물도 났지요. 불보살님이 당연히 돌보시겠다 싶었습니다. 지장경 기도를 하면 할수록 더욱 힘이 났습니다.

두 달 만에 400독 넘어 가면서 해외여행을 가게 되었는데, 새벽 3시에 달리는

버스 맨 뒷좌석에서도 불을 켜놓고 지장경을 읽었지요. 비행기 안에서도 읽었는데, 엔진소리 덕분에 지장경을 소리 내서 읽어도 별문제 없었습니다. 옆에 친구가 물어보길래 지장경에 대해 설명해주고 권해 주었지요.

### 새벽시간 해외여행 비행기에서도 지장경 독송

어릴 때부터 뭔가를 잡으면 아주 열심히 하는 성격 때문에, 카톡방의 지장경 천 독 팀에 뒤처지지 않으려고 아주 분발했습니다. 여행을 가서도 시차는 무시하고 매일 새벽 한국시간에 맞게 일어나 지장경을 읽었습니다. 지금까지 하루도 안 빠지고 기

도를 할 수 있게 하심은 지장보살님과 불보살님의 가피와 호법 신장님들 돌보심과 법안스님의 지도와 가족들과 도반님들 배려 때문입니다.

사실 주변사람들에게는 조금 미안하지만 어김없이 새벽에 일어나서 누가 있든 말든 기도했습니다. 당차게 200일 만에 1000독을 다 끝내리라 맘 먹고 열심히 기도하던 중 제가 원하던 공부를 할 기회가 왔습니다. 소원표에 적었던 것이죠.

하루 5독에서 8독을 하던 기도를 서서히 줄이면서 공부를 시작했습니다. 원하던 공부였기에 너무나 감사한 맘이 들어서, 빨리 1000독 끝내리라 맘먹었던 것을 내려놓고 평생할 것이니 좀 천천히 가자고 스스로 다독였습니다.

새벽에 지장경 1독하고 1000독 회향일을 좀 늦추기로 하고 공부를 시작하였지요. 지장경 기도를 한 덕분인지 공부가 맘대로 생각대로 척척 되어져서 무척 힘이 생긴 듯하였습니다. 지장경 새벽기도는 굉장한 파워를 주는 기도로 어떤 공부도 척척하게 만들더군요.

한번은 지장경을 읽다 비몽사몽간에 지장경전에서 말벌이 튀어나오는 듯하여 깜짝 놀랐습니다. 몇 년 전 집에 들어온 말벌들이 너무 무서워 물로 쏘아 많이 죽이고 했던 게 원인이란 직감이 들더군요. 참회했습니다. 미안하다고 정말 미안하다고…

또 얼마 있다가는 지장경 읽다가 비몽사몽간에 지장경전에서 뿔이 난 사슴 두
마리 모습이 보였지요. 놀래서 생각해보았더니 10년 전 몸이 아파 사슴 두마리의 뿔에서 받은 피로 환을 만들어서 먹던 일이 떠올랐습니다. 비위가 상해 몇 개 먹지는 못했지만 너무나 무서웠습니다.

### 생각 없이 죽였던 개미까지 업보임을 알아

이렇게 세세하고 안타까운 일들이 떠오르면서 몇 년 전 집에 하도 개미가 많아 불태워 죽인 일도 생각나서 너무 많이 울었습니다. 그들의 비명소리를 듣지 못하고 태워 죽인 이 업보 어찌하냐고…

불보살님들의 천수 천안 천이가 왜 있는지 왜 우리를 그리 아끼는지 연민하고 보살피는지 알 것 같았습니다. 그분들은 모든 생명의 소리와 모습을 다보고 알고 듣고 계시는 것입니다.

우리도 그 불보살님들처럼 다 알 수 있고 다 볼 수 있고 다 들을 수 있는데 몰랐던 것입니다. 조그만 제 맘에 한줄기 빛이 들어온 듯 느껴졌습니다. 우리가 만약 그들 동물이나 벌레 같은 생명들의 고통 받는 목소리를 들을 수 있다면 어찌 과연 죽이거나 함부로 할 수 있을까요.

지장경 기도를 하면서 사람의 목숨과 벌레 하나의 목숨의 무게가 철저히 같다는 인식이 생겼으며, 물론 육식도 끊게 되었습니다. 또 꿈에 시어머님이 돌아가신 것을 보고 꿈에서 너무나 후회 되었습니다. 살아계실 때 잘하자고 맘이 순하게 바뀌었지요. 내가 미워하고 싫어했던 사람 모진 소리했던 일들 알지도 못하는 많은 죄업들이 너무나 두려워 지장보살님께 매달릴 수밖에 없었습니다.

그렇게 날이 가는 줄도 모르고 하루하루 기도로 보내다보니, 남편도 일이 바빠져 새벽에 나가 아주 저녁에 들어오는 것이 기도하라고 도와주는 것 같았습니다. 예전 같으면 늦게 들어와 대화할 시간도 없다고 불평불만 하겠지만 기도할 시간이 생기니 그런 말 할 필요가 없었지요. 오히려 감사한 맘이 들어서 남편도 점점 이해 아닌 이해를 하게 되었습니다. 지장경 기도가 바쁘니 가끔씩 긁던 바가지를 아예 놔 버린 거지요.

### 🔖 감사한 마음이 모든 것을 이해하게 돼

사업하는 남편일도 생각대로 술술 잘되어나갔습니다. 술을 자주 마시던 남편이 일이 바빠 술 마실 시간도 없어졌으니 참 신묘하지요. 일이 끊임없이 이어서 들어오니 감사한 일이었습니다. 남편은 하루도 빼지 않고 새벽기도를 하는 저를 보고 참 대단하다고 뜻밖의 격려를 해주더군요.

지장경기도 중 가장 후회되는 일은 동생과 크게 다툰 일입니다. 별일이 아니었는데 지장경기도에 정신이 온통 가있던 탓에 괜찮겠지 가족이니깐 좀 소홀해도 이해하겠지 했던 일이 그냥 터져버렸습니다. 그때는 자신을 누르지 못하고 교만심으로 동생과 대립하게 된 것입니다. 너무 후회하지만 이미 지나왔습니다.

기분이 많이 상했지만 예전 같으면 기분 때문에 기도도 접고 며칠을 끙끙거릴 텐데 담날 다시 새벽기도를 했습니다. 그 일은 그 일대로 접어두고 다시 지장경을 잡을 수 있었습니다. 화내고 다툰 일은 정말 후회합니다. 제가 조금만 더 지혜가 있었더라면 그리 어리석게 동생과 다투지 않았을 텐데… 깨우친 것은 지금 곁에 있는 사람에게 잘해야 하는 거였습니다.

아들은 지금까지 스스로 지장경 기도를 하고 있습니다. 야! 참 복 많다. 이제 스물다섯에 부처님께 기도하고 또 대원력이신 지장보살님께 매일 기도한다면 넌 완전 앞으로 대박이다. 스스로도 지장경기도가 참 좋다며 자신의 공부와 기도를 병행해서 매일 하고 있습니다. 무엇보다 큰 재산을 자녀들에게 남겨준 것이지요.

이 세상에서 불법 만난 게 가장 큰 복이라고 저는 생각합니다. 딸은 간호실습 나가느라 바쁘지만 실습 나가서 생활할 때마다 지장경을 읽으면 잠이 잘 온다고 하네요. 지금은 바빠 많이 못하고 있지만… 그래도 10만원씩 받으면서 지장경 읽은 게 꽤 됩니다. 앞으로 살아가는데 정말 큰 힘이 되겠지요.

때로 기도하다 서로 느낌도 이야기하고, 의문점도 이야기하며 도와주고 격려해서 아들 딸에서 도반으로 거듭나는 기회가 되었습니다. 기도가 날이 더할수록 내가 왜 기도를 하는 거지 하는 의문점과 무엇을 위해 하는 거지…하는 생각이 들었지요. 그런데 생각이 점점 바뀌어갔습니다.

내가 뿌린 것이 없는데 어찌 거두리요. 기도를 하고 가피를 구하는 것은 당연하나 내가 받을 것이 있음 당연히 올 것으로,

불보살님께서 도와주실 건데 먹고 사는 거는 아무런 걱정이 없다. 잘살 거라는 확신이 들었습니다. 그렇다면 다른 이들도 위한 기도를 하자. 얼마 전부터 기도하다가 나 자신만이 아닌 모든 생명을 위해 기도하자는 생각이 들었지요. 모두의 고통을 없애주는 일을 하자는 생각이 문득 드는 겁니다.

"니 뭘로 중생 이롭게 할건데?" 하시던 법안 스님 말씀이 둥둥 떠오르며 제가 할 수 있는 일을 생각해보았지요. 세세생생 나의 부모가 아니었던 존재가 없다고 부처님께선 말씀하셨죠. '그래 그렇구나!' 했지만 그저 말로만 실감이 나지 않았습니다. 그런데 기도를 거듭하면서 세상의 모든 존재는 나의 어머니였다는 말씀이 가슴 절절하게 와 닿으며 어느 누구라도 다 내 부모이고 내 세포이고 나와 같은 한 몸이라는 생각이 들면서 사랑하는 참맘이 조금씩 생겨났답니다.

### 인과를 깨달으니 모든 생명에 대한 연민도 생겨

이 맘이라면 뭐든 다른 이를 이롭게 할 수 있겠다는 생각이 들었습니다. 많이 변해서 강하지만 부드럽게, 화내지 않고 지켜보며 기다리자는 맘이 조금씩 생겨나고 있지요. 소원표 대로 모두 이룬 것은 아니지만 지금까지 진행 중인 소원 프로젝트도 아직 있습니다. 하지만 부처님께서 하신 말씀은 거짓이 없다는 것을 믿기에 별로 걱정하지도 않습니다.

사람인지라 자꾸 잊고 또 악업이나 습관을 되풀이 하지만 매일 기도하고 조금씩 변해 가는 것을 느낍니다. 앞으로 100년이 지나면 내가 알고 있던 사람 중 살아있는 이들이 누가 있을까요. 그런 생각을 하면 마음이 너그러워집니다. 가끔 그런 생각을 하면서 사람들을 보면 가슴 아파서 눈물이 납니다. 안타까워서 측은한 맘이 듭니다.

인과를 믿으라고, 한 치 오차 없는 것이 법계의 진리이니 지장경 읽으라고 권합니다. 아무것도 모르는 강아지를 보면 안타까워 눈물이 납니다. 어찌 축생 몸 받았니? 불보살님 명호를 부르고 다음 생에 사람 되서 불법 만나라고 쓰다듬어 줍니다. 제가 알면서 모르면서 잘못한 것 때문에 아파한 모든 생명에게 미안하게 생각합니다.

회향은 또 다른 출발이라 생각하며, 오직 지장경 기도를 회향하는 한 마디는 모든 행을 진정한 사랑으로 출발하는 일입니다. 어리석어서 두 눈을 감은 맹목적인 사랑이 아닌 지혜로운 참사랑입니다. "모두모두 사랑합니다."

## 안심정사 지역도량 안내

**논산본찰**
충남 논산시 연무읍 안심로203번길 12
충남 논산시 연무읍 안심리 1098
전화 : 041-742-9624 / 010-7422-4557

**강남도량**
서울특별시 강남구 논현로8길 12
서울특별시 강남구 개포동 1188 주원빌딩 5층
전화 : 02-577-4557 / 010-6640-4557

**부산도량**
부산광역시 해운대구 달맞이길117번 다길 149
부산광역시 해운대구 중동 1485-5
전화 : 051-704-4557 / 010-9421-4557

**대구도량**
대구광역시 남구 대명로 220번길
대구광역시 남구 대명동 336-1
전화 : 053-624-4557 / 010-5241-4557

**제주도량**
제주특별자치도 제주시 연동7길 41
제주시 연동 273-41
전화 : 064-747-4557 / 010-9476-4557

**창원도량**
경상남도 창원시 진해구 조천북로 97번가길 28
경상남도 창원시 진해구 경화동2가 산10번지
전화 : 055-547-4557 / 010-8611-4557

다음카페 ( Daum 카페 ) http://cafe.daum.net/ansim24

간절한 기도로 행복을 찾아가는
안심정사 법우들의 이야기

## 운명을 바꾼 사람들 제3권

**인쇄** 불기 2563년(서기 2019년) 3월 25일
**발행** 불기 2563년(서기 2019년) 3월 27일

**펴낸이** 석법안 스님
**펴낸곳** 도서출판 안심
**주소** 서울특별시 강남구 논현로 8길 12
**대표번호** 02-577-4557
**이메일** ansim56@naver.com

**편집·인쇄** 아름원 02-2264-3334
**편집책임** 차도경
**표지디자인** 정상운
**편집** 정소연

ⓒ도서출판 안심, 2019

※ 잘못된 책은 교환해 드립니다.

ISBN 979-11-87741-29-9
값 10,000원